Jens Möller

Die Da-Vinci-Formel

Jens Möller

Die Da-Vinci-Formel

Die sieben Erfolgsgesetze für innovatives Denken

REDLINE | VERLAG

Bibliografische Information der Deutschen Nationalbibliothek:
Die Deutsche Nationalbibliothek verzeichnet diese Publikation in der Deutschen Nationalbibliografie; detaillierte bibliografische Daten sind im Internet über http://d-nb.de abrufbar.

Für Fragen und Anregungen:
lektorat@redline-verlag.de

1. Auflage 2018

Nymphenburger Straße 86
D-80636 München
Tel.: 089 651285-0
Fax: 089 652096

Redaktion: Christiane Otto, München
Umschlaggestaltung: Maria Wittek, München
Umschlagabbildung: Shutterstock: Omelchenko und ARCHITECTEUR
Satz: Daniel Förster, Belgern
Druck: GGP Media GmbH, Pößneck
Printed in Germany

ISBN Print 978-3-86881-709-6
ISBN E-Book (PDF) 978-3-96267-026-9
ISBN E-Book (EPUB, Mobi) 978-3-96267-027-6

Für Felix

Deine Neugier und dein Entdeckerdrang
erinnern mich jeden Tag an Leonardo.
Bewahre dir diese Eigenschaften – ein Leben lang!

Inhalt

»Wenn du dein Leben vergeudest,
hinterlässt du nicht mehr Spuren auf Erden
als der Rauch in der Luft oder die Gischt auf dem Wasser.«[1]

Leonardo da Vinci

Vorwort

Leonardo da Vinci – ein Name, der Gänsehaut verursacht. Nicht vor Schreck, sondern vor Ehrfurcht. Ein Universalgenie, das größte Talent, das je lebte – so betiteln wir diesen Mann gern und fühlen uns klein und unbedeutend im Bann einer Persönlichkeit, die auch 500 Jahre nach ihrem Tod nichts, aber auch gar nichts an Faszination verloren hat.

Als Jens Möller im Spätsommer 2017 auf mich zukam und fragte, ob ich nicht ein Vorwort für sein neues Buch schreiben wollte – ein Buch, das sich mit Leonardo da Vinci und seinen Erfolgsprinzipien befasste, – sagte ich sofort begeistert zu. Nicht nur, weil ich selbst schon vor Jahren der Magie dieses Renaissancemenschen erlegen war und seither auf vielen unterschiedlichen Ebenen ergründe, was wir von ihm bis heute lernen können. Das Buchprojekt von Jens sprach mich auch an, weil ich wenige Tage zuvor erst aus der Toskana zurückgekehrt und noch ganz berauscht war von den Eindrücken der Wirkungsstätte von Leonardo da Vinci.

Wer schon einmal in Florenz war, wird sich der Magie der Renaissance kaum entziehen können. Die großen Meister dieser Zeit stoßen an jeder Straßenecke mit der Moderne zusammen. Und was zunächst so unvereinbar erscheint, harmoniert in dieser Stadt irgendwie mühelos. Wenn Touristen in kurzen Hosen, mit Selfie-Sticks und Smartphones vor dem Palazzo Vecchio stehen und sich mit der David-Statue fotografieren oder Kaugummi kauend durch die Arkaden der Uffizien schlendern, dann möchte man gern laut rufen: »Freveler, mehr Respekt, bitte!« Doch genau das tut man nicht, weil das Gefühl allgegenwärtig ist, dass die Meister der alten Zeit das Spektakel der Moderne mit mindestens ebenso viel Neugier begleiten wie die Aufbruchsstimmung der Renaissance.

Und in der Tat sind die Parallelen zwischen der Renaissance und unserer Zeit frappierend. Dank der genialen Erfindung der Druckmaschine durch Johannes Gutenberg wurde das Buch ein Allerweltsprodukt. Die *Gutenberg-Bibel* – die übrigens in Leonardos Geburtsjahr 1452 gedruckt wurde – gilt als Startschuss für die massenhafte Verbreitung des Buches. Und damit begann eine unaufhaltsame soziale Revolution. Wissen wurde mobil und war nicht mehr nur den herrschenden Klassen vorbehalten. Die flächendeckende Alphabetisierung begann, Bildung durchdrang nach und nach alle Gesellschaftsschichten und sorgte für eine Politisierung der Massen. Meinungsbildung auf breiter Ebene war nun möglich und vielleicht ist gerade deshalb die Renaissance nicht nur eine Epoche unfassbarer Kreativität, sondern auch vieler Kriege sowie politischer und sozialer Auseinandersetzungen und Verwerfungen.

Etwas mehr als 500 Jahre nach Gutenbergs Druckmaschine revolutionierte eine weitere bahnbrechende Innovation unsere Gesellschaft – mit ebenfalls weitreichenden Folgen. Tim Berners-Lee veröffentlichte, damals noch Mitarbeiter beim CERN, am 6. August 1991 ein unscheinbares Dokument mit einem Link, der zur ersten Webseite der Welt führte. Es war der Beginn des World Wide Web, das nun, ähnlich wie vor 500 Jahren das Buch, für massive Umwälzungen sorgt. Der digitale Stein des Anstoßes ist gerade mal ein Vierteljahrhundert alt und anders als die *Gutenberg-Bibel* gibt es die Original-Webseite von Tim Berners-Lee heute nicht mehr. Jedoch sind die Folgen vergleichbar. Damals wie heute nahm die Informationsflut zu, wurden Menschenmassen bewegt und herrschende politische, wirtschaftliche und soziale Systeme unterspült und infrage gestellt.

Doch bei allen Gemeinsamkeiten gibt es einen elementaren Unterschied. Während in der Renaissance der Mensch als schöpferisches Individuum im Mittelpunkt stand und die Grundlagen für die geistige Haltung des Humanismus begründet wurden, sind wir heute konfrontiert mit dem Transhumanismus. Transhumanisten arbeiten mit Hochdruck an der Enträtselung der Schöpfung, und was ihnen daran nicht gefällt, wollen sie technologisch umbauen. Die Technik, nicht der Mensch, steht im Mittelpunkt der Moderne.

Dabei sind es die Menschen (und nicht die Technik), die lernen müssen, mit dem aktuellen Wandel in einer hochdynamischen VUCA-Welt umzugehen. VUCA als englisches Akronym steht für Volatilität (volatility), Ungewissheit (uncertainty), Komplexität (complexity) und Mehrdeutigkeit (ambiguity) und beschreibt die derzeitige Veränderungslage sehr präzise.

Und hier schließt sich der Kreis zu Leonardo da Vinci. Auch Leonardo lebte in einer Zeit radikaler Umbrüche. Technische Innovationen, soziale Verwerfungen, Kriege und Konflikte kennzeichneten seine Epoche – ebenso wie unsere. Leonardo musste sich Zeit seines Lebens anpassen an unterschiedliche Herrscher, politische Systeme und veränderte (berufliche) Rahmenbedingungen. Seine Welt glich einem Baukasten, dessen Steine er immer wieder unterschiedlich zusammensetzte. Daran hätte er verzweifeln und aufgeben können, aber genau das tat er nicht. Stattdessen entwickelte er faszinierende Erfolgsstrategien, um in dieser unsicheren Zeitepoche zu überleben. Und er begriff sehr früh, dass unsichere Zeiten unzählige Fragen aufwerfen und eine Brutstätte für die Neuentdeckung der Welt sind.

Während wir in unserer heutigen Zeit gelernt haben, Antworten zu bekommen, hat sich Leonardo Zeit seines Lebens Fragen gestellt und sich von eben diesen Fragen leiten lassen. Leonardo war nicht mit

Superkräften ausgestattet. Ganz im Gegenteil. Viele seiner Studien brachte er nie zu Ende, er ließ sich schnell ablenken und man vermutet, dass er starken Stimmungsschwankungen unterlag. Mit anderen Worten: Ziemlich wahrscheinlich war Leonardo ein Mensch wie Sie und ich – mit einigen kleinen, aber bedeutsamen Besonderheiten.

Von seiner gesellschaftlichen Außenseiterrolle ließ er sich nicht entmutigen, sondern daraus schöpfte er Kraft. Er nutzte sehr früh alle Stärken und Talente, die er besaß, doch auch damit gab er sich nie zufrieden. Er strebte nach Wissen und Erkenntnissen, den Zugang zu günstigen Büchern machte er sich zunutze, er entwickelte sich weiter und gestaltete die Welt, in die er hineingeboren wurde, selbstverständlich und proaktiv mit.

Und genau von dieser Kraft und Stärke, von seiner Neugier und Agilität, von seinem Wissensdurst und seinem Hunger nach Informationen können wir lernen und uns anstecken lassen. Auch unsere Zeit ist geprägt von disruptiven Verwerfungen. Technologische Innovationen werden unsere Welt auch in Zukunft radikal verändern und die Definition unseres Menschseins in Frage stellen. In einer Zeit, in der alles, was digitalisiert und automatisiert werden kann, auch digitalisiert und automatisiert wird, in einer Zeit, in der künstliche Intelligenzen menschlichen Sphären echte Konkurrenz machen können, sind wir gezwungen, uns einen neuen Wirkungsradius zu suchen, den uns die Technologie nicht streitig machen kann.

Ich bin davon überzeugt, dass der Mensch als schöpferisches Individuum wieder in den Mittelpunkt rücken muss. Um mit den Herausforderungen von Gegenwart und Zukunft umgehen zu können, benötigen wir kreative und innovative Lösungen für die gesellschaftlichen, politischen und sozialen Herausforderungen unserer Zeit. Ich glaube an die Renaissance der Renaissance. Es ist an der Zeit, dass wir unsere eigene Schöpfungskraft wiederentdecken.

Diese Rückkehr zum kreativen Geist der Renaissance beginnt nicht mit einer Reise ins Silicon Valley, sondern sie beginnt mit dem Europäer Leonardo da Vinci.

Das Buch, das Sie in der Hand halten, ist auf vielen Seiten eine Verbeugung vor der Schaffenskraft der Renaissance. Es ist gleichzeitig aber auch Ihr Wegweiser in die Zukunft. Leonardos Erfolgsstrategien, praxisnah und leicht verständlich von Jens Möller herausgearbeitet, helfen uns, mit einer veränderungsreichen Welt kreativ und proaktiv umgehen zu können.

Ich wünsche Ihnen viele inspirierende Leonardo-Momente beim Lesen.

Ihre Melanie Vogel

www.melanie-vogel.com

1 Vorbild Leonardo?

Erinnern Sie sich noch an die ersten Helden Ihrer Kindheit? Menschen, zu denen Sie sich magisch hingezogen fühlten und aufschauten? Vielleicht war einer dieser Menschen Ihr Großvater, Ihre Lieblingslehrerin, Ihr Vereinstrainer oder eine schon verstorbene oder imaginäre Person. Jeder von uns hatte völlig unterschiedliche Vorbilder, die jedoch eines gemeinsam haben: Sie alle haben uns inspiriert und motiviert zugleich. Sie haben uns dabei geholfen zu lernen und zu wachsen.

Später in der Pubertät und im Erwachsenenalter galten Vorbilder als nicht mehr so attraktiv. »Sei du selbst, dann musst du niemanden kopieren!«, heißt es oft. Und tatsächlich können zu starke Vorbilder hinderlich sein, wenn es gilt, die eigene Persönlichkeit zu entdecken. Vorbilder, so die landläufige Meinung, sind nette Relikte aus Kindertagen, die man als Erwachsener nicht mehr braucht.

In unserer westlichen Gesellschaft, in der die Individualisierung immer weiter voranschreitet, scheint das auf den ersten Blick auch ein guter und praktikabler Ratschlag zu sein. Ich sehe das anders. Ich glaube, dass Individualität und die Orientierung an Vorbildern keine Gegensätze sind, sondern dass Vorbilder unser Leben reicher machen.

Wenn wir uns nach Vorbildern strecken, wachsen wir. Denn Vorbilder liefern uns alternative Ideen und Vorlagen für den Umgang mit unserer komplexen Welt. Sie erweitern unsere Handlungsmöglichkeiten und ermutigen uns, bestimmte Fähigkeiten gezielt weiterzuentwickeln. Dabei geht es nicht darum, einen außergewöhnlichen Menschen einfach zu kopieren, sondern darum, die Hintergründe des Außergewöhnlichen zu verstehen und daraus zu lernen. Dass ich an die positive Wirkung von Vorbildern auf unser Leben glaube, liegt vor allem an einer ganz bestimmten, äußerst faszinierenden Persönlichkeit: Leonardo da Vinci.

Im Bann Leonardos

Der Name Leonardo da Vinci ist jedem von uns ein Begriff. Wenn Sie Leonardo da Vincis Werken oder Ideen begegnen möchten, müssen Sie heute nicht extra nach Florenz oder Paris reisen. Besuchen Sie einfach den nächsten gut sortierten Souvenirshop, und die Chancen dürften nicht allzu schlecht stehen, dass Ihnen dort auf einem T-Shirt oder einer Kaffeetasse da Vincis Mona Lisa ihr weltberühmtes Lächeln schenkt. Oder Sie werfen einen Blick auf Ihre Krankenkassenkarte, auf der nicht selten ein kleiner »Hampelmann« im Quadrat und Kreis – Leonardos *Vitruvianischer Mensch* – zu sehen ist. Und als Cineast kennen Sie ohnehin Dan Browns *The Da Vinci Code – Sakrileg* mit der wunderbaren Audrey Tautou und Tom Hanks in den Hauptrollen.

Die Liste ließe sich problemlos um weitere Begegnungsmöglichkeiten mit Leonardo da Vinci erweitern. Dabei wird deutlich: Die Strahlkraft, die von Leonardo ausgeht, ist auch fast 500 Jahre nach seinem Tod ungebrochen. Einen eindrucksvollen Beweis hierfür liefert die Suchmaschine Google. Denn gibt man »Leonardo da Vinci« bei Google ein, erhält man in weniger als einer Sekunde über 68 Millionen Treffer[2] zum weltbekannten Mann aus Vinci. Und in den Bücherlisten von Amazon findet man mittlerweile sogar einen *Leonardo da Vinci für Dummies*. Doch was wissen wir bei aller Bewunderung und Google-Präsenz wirklich über Leonardo?

Mein eigenes Wissen über Leonardo da Vinci fiel bis vor einigen Jahren eher spärlich aus: War das nicht der berühmte Künstler aus Italien, der die *Mona Lisa* und *Das Abendmahl* gemalt und an Flugmaschinen gebastelt hatte? Viel mehr brachte ich über Leonardo nicht zustande. Das sollte sich allerdings ändern, als ich die Ausstellung *Da Vinci – Das Genie* besuchte. Die große Ausstellung mit zahlreichen Bildern, Zeichnungen und Exponaten von da Vinci zog mich sofort in den Bann.

Viel Genie, wenig Mensch

Gleich nach der Ausstellung wollte ich alles über diesen unglaublich vielseitigen und geheimnisvollen Mann erfahren. Also kaufte ich mir meine allererste Leonardo-Biografie und begann zu lesen. Was ich las, faszinierte mich so sehr, dass ich in den darauffolgenden Wochen und Monaten viele weitere Biografien verschlang, Leonardos Notizbücher studierte und mich in Italien auf Spurensuche machte. Je mehr ich von da Vinci erfuhr, desto mehr faszinierte er mich. Wie konnte ein einzelner Mensch, der vor über 500 Jahren in der Übergangszeit zwischen Mittelalter und Neuzeit lebte, auf so vielen unterschiedlichen Gebieten wie der Malerei, der Anatomie, der Architektur, der Hydraulik, der Geologie und des Ingenieurwesens so revolutionäre und herausragende Arbeit leisten? Ich wollte Antworten auf diese und andere Fragen finden und nicht nur über ihn, sondern auch von ihm lernen. So wurde Leonardo da Vinci zu meinem Vorbild.

»Leonardo da Vinci als Vorbild? Ein bisschen mehr Bescheidenheit würde nicht schaden«, werden Sie vielleicht denken. Und Sie sind damit bestimmt nicht allein. Die meisten Leute halten es wahrscheinlich für vermessen zu glauben, man könne als Normalsterblicher einem der größten Genies aller Zeiten nacheifern. Und das kann ich gut verstehen.

Wenn wir uns mit der Literatur zu Leonardos Leben und Werk befassen, laufen wir schnell Gefahr, uns klein und unbedeutend zu fühlen. Wir scheinen dort einem Mann zu begegnen, der alles konnte und wusste: einem Genie. Einem revolutionären Erfinder. Einem »uomo universale« (dt. *Universalmensch*). Diese Glorifizierung Leonardos zum Übermenschen begann bereits kurz nach seinem Tod und hat eine sehr lange Tradition. Bereits 1550 schrieb Giorgio Vasari, einer der ersten Künstlerbiografen überhaupt, in seinen *Viten* über Leonardo da Vinci: »Zuweilen vereinen sich in einem einzigen Körper auf übernatürliche Weise Schönheit, Anmut und Tugend im Übermaß, sodass dieser Mensch, wohin er sich auch wendet, in all seinen Taten göttlich ist.«[3]

An dieser Einschätzung Vasaris hat sich bis heute nicht viel geändert. In der populären Vorstellung gilt Leonardo immer noch als Archetyp des Renaissancemenschen: ein von großen Träumen und scheinbar unrealistischen Visionen getriebener Alleskönner mit einer magischen Erfindungsgabe, unbegrenzten Fähigkeiten und unerschöpflichem Wissen. Kaum ein Mensch hat unsere Vorstellung vom modernen Genie so stark geprägt wie Leonardo da Vinci.

Insofern ist es durchaus verständlich, warum wir Leonardo mit so viel Ehrfurcht begegnen und es nicht wagen, uns auch nur ansatzweise mit ihm zu vergleichen. Das jedoch ist schade. Denn indem wir Leonardo zum göttlichen Genie verklären, ignorieren wir seine menschliche Seite. Auch Carlo Pedretti, einem der berühmtesten Leonardo-Forscher, gefällt diese eindimensionale Sichtweise nicht. Da Vinci, so Pedretti, sei leider mehr studiert als verstanden worden. Erhalten geblieben sei nur das Genie; der Mensch Leonardo sei verloren gegangen.[4]

Wurde die Genialität Leonardo in die Wiege gelegt?

Bei der intensiven Auseinandersetzung mit Leonardo da Vincis Leben, seinen Notizbüchern und den in ihnen enthaltenen Aufzeichnungen wird schnell deutlich: Seine von uns so bewunderte Genialität beruhte viel weniger auf göttlicher Eingebung, als wir gemeinhin denken. Leonardo da Vinci wurde nicht als vom Schicksal begünstigtes Genie geboren, dem alles zufiel. Im Gegenteil: Vor allem seine frühen Notizbücher offenbaren uns einen ganz anderen Leonardo. Sie präsentieren uns einen jungen Mann, der hartnäckig daran arbeitet, sich selbst das Basiswissen der mittelalterlichen Gelehrsamkeit beizubringen. Wie er selbst berichtet, hat er als Kind nur wenig Schulunterricht erhalten und dabei kaum mehr als die elementaren Kenntnisse in Lesen, Schreiben und Rechnen erworben.

Da Vincis geniale Fähigkeiten waren also nicht schon immer da. Wie wir noch sehen werden, waren sie vielmehr das Ergebnis ganz bestimmter Werte, Einstellungen und Prinzipien, die in ihrer Gesamtheit die Grundlage für Leonardos herausragende Leistungen bildeten. Wir können dann am besten von Leonardo lernen, wenn wir uns mit diesen Prinzipien und Werten beschäftigen, weshalb diese auch den Kern des vorliegenden Buches bilden.

Nach intensivem Studium unzähliger Biografien, Notizbücher und Aufzeichnungen habe ich sieben zentrale Erfolgsprinzipien entschlüsselt, die Leonardo sein gesamtes Leben lang mit Beharrlichkeit verfolgt und weiterentwickelt hat. In ihnen liegt der Schlüssel zu Leonardo da Vincis schier endloser Kreativität und Innovationskraft.

Struktur des Buches

Im Zentrum dieses Buches stehen die sieben Erfolgsprinzipien des Leonardo da Vinci. Jedes dieser Prinzipien ist Voraussetzung für innovatives Denken und Handeln und jedem wurde ein eigenes Kapitel gewidmet. Zu Beginn eines jeden Kapitels lasse ich Leonardo da Vinci kurz selbst zu Wort kommen, bevor wir uns der besonderen Bedeutung des vorgestellten Erfolgsprinzips in Leonardos Leben und Arbeit zuwenden. Anschließend veranschauliche ich, warum und wie jedes Prinzip mit Leonardos genialen Fähigkeiten verbunden ist und wie wir dies für uns nutzen können. Am Ende eines jeden Kapitels lade ich Sie mit dem »Coaching-Kompass« herzlich dazu ein, sich selbst mit Leonardos Lebens- und Arbeitsprinzipien zu befassen, die Denkweise hinter jedem Prinzip für sich zu entdecken und in Ihre eigenen Denk- und Handlungsstrukturen zu integrieren.

Alle sieben im Buch beschriebenen Erfolgsprinzipien stehen gleichberechtigt nebeneinander. Es gibt keine Hierarchie, die beachtet werden will. Insofern müssen Sie die Kapitel nicht in einer bestimmten Reihenfolge lesen, sondern können zum Beispiel mit dem Prinzip beginnen, das Sie persönlich am meisten anspricht. Anschließend gehen Sie nach und nach durch die verbleibenden Kapitel und Prinzipien.

Ich empfehle, sich während des Lesens der einzelnen Kapitel kleine Notizen zu machen, in welchem Ausmaß und wie Sie die vorgestellten Prinzipien bereits nutzen. Das Ergebnis können Sie dann im Rahmen einer Selbsteinschätzung, die Sie am Schluss eines jeden Kapitels erwartet, für sich dokumentieren. Mein Tipp: Seien Sie dabei radikal ehrlich mit sich! Vermeiden Sie, Ihrem Wunschdenken zu folgen und sich so zu sehen, wie Sie gerne wären. Erst wenn Sie wissen, wo Sie stehen, können Sie sich Entwicklungsziele für die Zukunft setzen.

Sie können für die Dauer dieses Buches Leonardo da Vinci als Ihren ganz persönlichen Coach betrachten. Er wird Ihnen einen Weg zu innovativem Denken und Handeln aufzeigen.

Dabei wünsche ich Ihnen viel Spaß und viel Erfolg,

Ihr Jens Möller

www.jensmoeller.com

2 Leonardos Leben

Auf den nächsten Seiten gebe ich Ihnen einen Überblick über die wichtigsten biografischen Ereignisse in Leonardos bewegtem Leben. Sie werden Leonardos Erfolgsprinzipien, die ich in den nachfolgenden Kapiteln vorstelle, besser verstehen, wenn Sie sich kurz Zeit nehmen, seine Lebensgeschichte kennenzulernen. Sollten Sie bereits ein Leonardo-Kenner sein, können Sie gerne auch direkt zu den Erfolgsprinzipien springen.

Kindheit in Vinci (1452–1466)

»1452. Am 15. April, Samstag, nachts um drei Uhr, wurde mein Enkel, Sohn des Ser Piero, meines Sohnes, geboren. Er erhielt den Namen Lionardo, getauft von Pfarrer Piero di Bartolomeo aus Vinci.«[5] So vermerkte der 80-jährige Großvater Antonio die Geburt Leonardos im Notizbuch der Familie. Leonardos Vater Ser Piero war ein erfolgreicher Notar, seine Mutter Caterina entstammte einer verarmten Bauernfamilie.[6]

Da beide nicht miteinander verheiratet waren, erblickte Leonardo als uneheliches Kind das Licht der Welt – eine Tatsache, die seinen weiteren Lebensweg entscheidend prägen sollte. Eine Heirat von Ser Piero und Caterina war wegen des Standesunterschieds ausgeschlossen und nicht einmal ein Jahr nach Leonardos Geburt waren seine Eltern bereits mit anderen Partnern verheiratet: Ser Piero mit der Tochter eines Florentiner Notars, Caterina mit einem ortsansässigen Töpfer.

Zunächst lebte Leonardo bei seiner Mutter und deren Ehemann im Nachbardorf, bevor er mit fünf Jahren in das Haus seines Großvaters Antonio in Vinci zog. Trotz seiner außerehelichen Geburt wurde Leonardo in der Familie gut aufgenommen. Sein Vater Ser Piero, der sich viel in Florenz aufhielt, nahm ihn als Sohn an, kümmerte sich aber nur wenig um ihn. Dafür hatte Leonardo ein besonderes Verhältnis zu seinem Onkel Francesco. Dieser nahm Leonardo oft zu Streifzügen durch das Umland von Vinci mit. Er war wie ein Vater für ihn und hatte großen Anteil daran, dass Leonardo bereits in früher Kindheit seine Liebe zur Natur und seinen Forscherdrang entwickelte.

Mit zehn oder elf Jahren besuchte Leonardo eine Schreib- und Rechenschule, in der er eine einfache Schulbildung in Lesen, Schreiben und Rechnen genoss. Er beschrieb sich später oft als *uomo sanza lettere,* als »Mann ohne Bildung«. Damit meinte er jedoch nicht, dass er nicht lesen und schreiben könne, sondern dass er als Jugendlicher das Lateinische, die Sprache der Gelehrten, nicht gelernt habe.

Ausbildung und Selbstständigkeit in Florenz (1466–1482)

Mitte der 1460er-Jahre zog Leonardo zu seinem Vater nach Florenz, ins strahlende Zentrum der italienischen Renaissance. Zunächst half er dort seinem Vater in dessen Kanzlei. Eine eigene Karriere als Notar blieb ihm allerdings verwehrt, da er als uneheliches Kind keine Universität besuchen durfte. Über die Tatsache, nicht in die Fußstapfen seines Vaters treten zu können, war Leonardo vielleicht gar nicht unglücklich, denn bereits seit seiner frühen Jugend widmete er sich mit großer Begeisterung der Musik und dem Zeichnen. Sein Vater erkannte die Begabung seines Sohnes und zeigte einige von Leonardos Skizzen Andrea del Verrocchio (dt. *das wahre Auge*), einem der gefragtesten Florentiner Maler und Bildhauer dieser Zeit. Verrocchio, so heißt es, war von den Arbeiten beeindruckt und bot dem Jungen eine Lehrstelle an, die Leonardo mit 14 Jahren antrat.

Verrocchios Werkstatt war typisch für die Renaissance. Wie andere Meister auch hatte Verrocchio Mitarbeiter verschiedenen Alters und unterschiedlicher Erfahrung, die ihn bei seinen Aufträgen unterstützten. So arbeiteten während Leonardos Lehrzeit auch andere berühmte Künstler wie Sandro Botticelli, Domenico Ghirlandaio oder Lorenzo di Credi in Verrocchios Werkstatt. Gemeinsam mit ihnen durchlief Leonardo eine Ausbildung auf sehr hohem Niveau. Neben dem Mischen von Farben, dem Arbeiten mit Ton und Bronze und der Präparation von Leinwänden gehörten vor allem auch das Zeichnen und das Studium der Perspektive zu den Techniken, die er zu erlernen hatte. Aufgrund seiner außergewöhnlichen Beobachtungsgabe machte Leonardo schnell große Fortschritte und entwickelte sich zu Verrocchios Lieblingsschüler.

Umso erstaunlicher ist es, dass bis zum Jahr 1473 keine Werke Leonardos bekannt sind, obwohl er bereits ein Jahr zuvor, mit zwanzig Jahren, als Meister in die Malergilde in Florenz aufgenommen worden war. Leonardo hatte damit die Möglichkeit erlangt, als selbstständiger Künstler Aufträge entgegenzunehmen. Dennoch blieb Leonardo noch vier weitere Jahre als freier Mitarbeiter in der Werkstatt seines Meisters und arbeitete beispielsweise an Verrocchios spektakulärem Auftrag mit, die zwei Tonnen schwere Kupferkugel an der Laternenspitze des Florentiner Doms Santa Maria del Fiore zu befestigen.

Als Künstler beteiligte sich Leonardo in dieser Zeit vor allem an gemeinschaftlichen Werkstattproduktionen. So malte er beim Gemälde *Tobias und der Engel* den Hund und den Fisch; zur *Taufe Christi* steuerte er den auf der linken Seite knienden Engel bei. Wie der Biograf Giorgio Vasari berichtet, war Verrocchio von der Ausführung des Engels so überwältigt, dass er danach keinen Pinsel mehr anrührte und das Malen Leonardo überließ.[7] Es entstanden zu dieser Zeit aber auch die ersten eigenständigen Werke Leonardos wie *Die Verkündigung* und das Porträt der *Ginevra de' Benci*.

Abbildung 1: *Die Verkündigung*, 1472–1475

1476 durchlebte Leonardo eine schwere Zeit, denn er wurde zusammen mit vier weiteren Personen wegen Sodomie – ein Begriff, der in der Renaissance auch für Homosexualität stand – angeklagt und sogar inhaftiert. Ihm wurde vorgeworfen, mit dem Prostituierten Jacopo Saltarelli sexuelle Handlungen durchgeführt zu haben. Die

Florentiner Behörden ermittelten gegen Leonardo, aus Mangel an Beweisen wurde er aber freigesprochen.

Nach der Saltarelli-Affäre verließ Leonardo seinen Meister und eröffnete seine erste eigene Werkstatt. Auch wenn sich Leonardo schon einen gewissen Bekanntheitsgrad erarbeitet hatte, schlug er sich zu Beginn mit kleineren Aufträgen durch. Seinen ersten dokumentierten Auftrag erhielt er Anfang 1478: ein Altargemälde für die Kapelle im Palazzo Vecchio, über dessen Verbleib heute nichts mehr bekannt ist. Ebenso malte er in dieser Zeit Marienbilder und das unvollendete Gemälde des *Heiligen Hieronymus*. Darüber hinaus setzte er sich intensiv mit anderen Gebieten wie der Anatomie, der Architektur, der Mechanik und der Flugkunst auseinander.

1481 erhielt Leonardo seinen ersten größeren Auftrag für eine Altartafel: *Die Anbetung der Könige aus dem Morgenland*. Leonardo fertigte hierzu zahlreiche Skizzen und Figurenstudien an, ließ das Werk aber unvollendet zurück, als er sich ein Jahr später von Florenz nach Mailand aufmachte.

Am Hof der Sforza in Mailand (1482–1499)

Leonardo brach Anfang 1482 nach Mailand auf. Der genaue Grund für Leonardos Abreise blieb jedoch unklar. Eine frühe Quelle berichtet von einer Vermittlung Leonardos durch Lorenzo de' Medici an Ludovico Sforza, den Herzog von Mailand: »Er war dreißig Jahre alt, als er vom vorerwähnten Lorenzo il Magnifico zum Herzog von Mailand entsandt wurde.«[8]

Leonardo selbst bewarb sich bei dem als »Il Moro« (dt. *der Dunkelhäutige*) bekannten Ludovico mit einem Motivationsschreiben, in dem er sich vor allem als Militäringenieur präsentierte. Leonardo wusste, dass Mailand eine strategisch wichtige Position in Mitteleuropa innehatte und immer wieder angegriffen wurde. Aus diesem Grund betonte er seine Fähigkeiten als Erfinder von Kriegsmaschinen; schließlich waren Militäringenieure im kriegerischen Italien des 15. Jahrhunderts sehr gefragt. Erst am Ende seines Schreibens hob Leonardo auch noch einmal seine künstlerischen Fähigkeiten hervor: Er könne »ein Pferd aus Bronze schaffen, das zum unsterblichen Ruhm und zur ewigen Ehre und zum Gedenken Eures Vaters und des ruhmreichen Hauses Sforza beitragen soll.«[9]

Seinen ersten Auftrag in Mailand erhielt Leonardo ein Jahr nach seiner Ankunft: die *Felsgrottenmadonna*. Leonardo vollendete das Altarbild in den darauffolgenden Jahren, übergab es aber nie an seine Auftraggeber, was einen jahrelangen Rechtsstreit zur Folge hatte. Trotz dieser Streitigkeiten konnte sich Leonardo in dieser Zeit am Mailänder Hof etablieren und entwickelte sich dort zum führenden Künstler und Organisator für Hoffeste. Darüber hinaus arbeitete er an unterschiedlichsten Projekten. So entwarf er nach der Mailänder Pestepidemie Pläne für eine ideale Stadt mit kanalisierten Straßen und Müllabfuhr. Parallel dazu widmete er sich weiter seinen Forschungen auf den Gebieten der Architektur, der Militärtechnologie und des Flugwesens.

Ende der 1480er-Jahre hatte sich Leonardo in Mailand eine eigene Werkstatt mit Lehrlingen eingerichtet. Kurz darauf erhielt er vom Herzog den Auftrag für das Gemälde der Cecilia Gallerani, das heute als *Dame mit dem Hermelin* bekannt ist.

Auf Drängen des Herzogs kehrte Leonardo von 1490 an zu einem Projekt zurück, das ihn schon lange beschäftigte: zum Reiterdenkmal für Ludovicos Vater. Für das Reiterstandbild hatte er bereits intensiv die Bewegungsabläufe der Pferde studiert. Doch es dauerte noch drei Jahre, bis Leonardo ein über sieben Meter hohes

Tonmodell des Pferdes präsentierte. Trotz der öffentlichen Begeisterung konnte Leonardo das Denkmal aber nie fertigstellen, da Ludovico Sforza die Gussbronze zu Kriegszwecken einsetzte.

Parallel zur Arbeit am Reiterdenkmal widmete sich Leonardo weiteren Projekten wie der Inszenierung von Theaterstücken oder der Instandhaltung herzoglicher Güter. Außerdem beschäftigte er sich mit Proportionsstudien, dem Phänomen des Lichts und der Anatomie, ehe er 1495 eines seiner bekanntesten Gemälde in Angriff nahm: *Das Abendmahl.* Leonardo hatte den Auftrag für das Wandgemälde im Kloster Santa Maria delle Grazie direkt von Ludovico Sforza erhalten und arbeitete drei Jahre daran.

Die große Anerkennung, die ihm nach der Fertigstellung des Gemäldes zuteilwurde, konnte er allerdings nur kurz genießen. 1499 eroberten französische Truppen das Herzogtum und zwangen nicht nur Ludovico Sforza, sondern auch Leonardo zur Flucht aus Mailand.

Abbildung 2: *Das Abendmahl*, 1495–1498

Auf Wanderschaft und in Florenz (1499–1506)

Leonardo verließ Mailand Ende des Jahres und ging mit Luca Pacioli, einem berühmten Mathematiker, und seinem Lieblingsschüler Salaì zunächst nach Mantua. Dort traf er Isabella d'Este, eine der wichtigsten Personen in der Kultur und der Politik der italienischen Renaissance. Leonardo fertigte eine bekannte Zeichnung von ihr an, bevor er kurz darauf nach Venedig weiterzog. Dort bot er dem Senat seine Dienste als Ingenieur an und stellte seine Kriegsmaschinen vor, darunter einen Taucheranzug für den Unterwasserkampf. Wenig später verließ Leonardo Venedig bereits wieder in Richtung Florenz.

In der Stadt, in der sich seit seinem Abschied vor knapp 20 Jahren vieles verändert hatte, nahm er den Auftrag für ein Altarbild an. Da sich Leonardo in der Folgezeit fast ausschließlich seinen wissenschaftlichen Studien der Geologie, Geometrie und Architektur widmete, fertigte er jedoch nur einen Entwurf des Altarbilds an. Erst Jahre später griff er die Zeichnung wieder auf und malte eine veränderte Fassung, die heute als *Anna Selbdritt* bekannt ist.

Nach zwei Jahren verließ Leonardo Florenz wieder, um für Cesare Borgia zu arbeiten. Der uneheliche Sohn Papst Alexanders VI. führte einen skrupellosen Feldzug, der die italienischen Stadtstaaten unter der Herrschaft seines Vaters zusammenführen sollte. Leonardo begleitete Borgia etwa ein Jahr lang durch Mittelitalien. Als Militäringenieur fertigte er dabei detailgetreue Landkarten an und kümmerte sich um die Instandhaltung von Befestigungsanlagen.

In dieser Zeit lernte Leonardo auch Niccolò Machiavelli kennen, der als Abgesandter der Stadt Florenz Verhandlungen mit Borgia führte. Bereits 1503 quittierte Leonardo, angewidert von Borgias Gräueltaten, seinen Dienst und kehrte nach Florenz zurück.

Dort angekommen, erhielt Leonardo – ebenso wie sein ungeliebter Kollege Michelangelo – den Auftrag, ein großes Schlachtengemälde für den Palazzo Vecchio anzufertigen. Während Leonardo die *Schlacht von Anghiari* malte, arbeitete Michelangelo an der *Schlacht von Cascina*. In weniger als zwei Jahren vollendeten beide ihre Entwürfe; die eigentlichen Wandbilder stellten sie jedoch niemals fertig.

Etwa zur gleichen Zeit begann Leonardo auch eines seiner berühmtesten Bilder: die *Mona Lisa*. Bereits während er an dem Gemälde arbeitete, sorgte es für großes Aufsehen und inspirierte viele florentinische Maler wie den jungen Raffael.

Rückkehr nach Mailand (1506–1513)

1506 folgte Leonardo einer Einladung des französischen Königs, als Maler und Ingenieur an den Mailänder Hof zurückzukehren.

Dort erfuhr Leonardo die höchste Anerkennung seiner französischen Gönner. In einem Brief an den Stadtrat von Florenz schrieb der Generalleutnant der Lombardei, Charles d'Amboise: »Wir liebten ihn bereits, bevor wir ihm persönlich begegneten [...]«[10]. Diese Wertschätzung drückte sich auch in einer hohen künstlerischen Freiheit aus, die es Leonardo ermöglichte, sich intensiv seinen Forschungen zu widmen.

So beschäftigte er sich zu dieser Zeit mit dem Studium der Geologie, der Mechanik und des Wassers. Außerdem betrieb er anatomische Studien, die er zusammen mit Marcantonio della Torre, einem berühmten Professor aus Pavia, durchführte. Auch als Maler war Leonardo aktiv und vollendete zwei bekannte Werke: eine neue Version der *Felsgrottenmadonna* sowie das Gemälde der *Leda mit dem Schwan*.

Während seines zweiten Mailandaufenthalts machte Leonardo außerdem eine wichtige persönliche Begegnung: Er lernte den jungen Francesco Melzi aus einer wohlhabenden Mailänder Familie kennen und nahm ihn als Schüler bei sich auf. Melzi entwickelte sich danach zum engsten Vertrauten Leonardos.

Als Leonardos Mäzen, Charles d'Amboise, 1511 unerwartet starb und sich die Machtverhältnisse erneut verschoben, verließ Leonardo Mailand und flüchtete in das Landhaus der Familie Melzi außerhalb der Stadt. Im Jahr darauf kehrte er zwar zurück, doch sein Aufenthalt sollte nur von begrenzter Dauer sein.

Letzte Jahre in Rom und Frankreich (1513–1519)

Als Giovanni de' Medici unter dem Namen Leo X. 1513 zum Papst geweiht wurde, ging Leonardo nach Rom. Dort lebte er im Palazzo del Belvedere, in dem er sich in der Folgezeit vor allem seinen Forschungen widmete. So setzte Leonardo seine Anatomie- und Wasserstudien fort und beschäftigte sich intensiv mit der Gewinnung und Nutzung von Sonnenenergie. Im Auftrag des Papstes entstand zu dieser Zeit auch das letzte Gemälde Leonardos: *Johannes der Täufer*.

Abbildung 3: *Johannes der Täufer*, 1513–1516

Insgesamt gestaltete sich die Zeit in Rom jedoch schwierig. Leonardo hatte beim Papst, auch wegen seiner anatomischen Studien, keinen besonders guten Stand. Außerdem wurde er von Krankheiten geplagt, die ihm das Leben weiter erschwerten. Er fühlte sich in Rom zunehmend unwohl.

So ist es nicht verwunderlich, dass Leonardo die Stadt nach drei Jahren wieder verließ und sich mit 64 Jahren auf die längste Reise seines Lebens machte: Er folgte einer Einladung des französischen Königs, Franz I., als »erster Maler und Ingenieur des Königs« an den französischen Hof zu kommen. Dort lebte Leonardo zusammen mit Francesco Melzi im Schloss Cloux (heute *Clos Lucé*) bei Amboise. An dokumentierten Aufträgen arbeitete er in Frankreich nicht mehr. Stattdessen organisierte er Hoffeste und stand dem König als Ratgeber zur Seite. Gemeinsam mit seinem Assistenten Melzi machte sich Leonardo in Frankreich auch daran, seine mittlerweile mehrere Tausend Seiten umfassenden Zeichnungen und Notizen zu ordnen. Weit sollte er damit allerdings nicht mehr kommen.

Am 2. Mai 1519 starb Leonardo da Vinci im Alter von 67 Jahren. In seinem Testament vermachte er Franceso Melzi all seine Bücher und Instrumente, während sein langjähriger Schüler Salaì seine privaten Gemälde wie die *Mona Lisa* erhielt. Sein Tod, schreibt Giorgio Vasari, »erfüllte alle, die ihn gekannt hatten, mit größtem Schmerz.«[11]

3 Leonardos Erfolgsprinzipien

Bereits zu Lebzeiten war Leonardo da Vinci eine Legende, um deren Gunst die wichtigsten Persönlichkeiten der Renaissance buhlten. Leonardos Aura und visionäre Kraft strahlten etwas Geheimnisvolles aus und zogen die Menschen reihenweise in ihren Bann. Daran änderte sich auch nichts, als er schon lange tot war. Leonardos Genialität, so schien es, war vor allem ein genetischer Sechser im Lotto und gerade deshalb so rätselhaft.

Leonardos außergewöhnliche Fähigkeiten waren jedoch viel weniger ein Geschenk des Schicksals, als wir allgemein glauben. Vielmehr waren sie das Ergebnis ganz bestimmter Erfolgsprinzipien, nach denen Leonardo sein Leben und seine Arbeit konsequent ausrichtete. Diese Prinzipien möchte ich Ihnen in den nächsten Kapiteln vorstellen und damit das wahre Geheimnis hinter Leonardos unerschöpflicher Innovationskraft und Leistungsstärke lüften.

3.1. Umgib dich mit inspirierenden Menschen!

Lasse dir vom Abakus-Meister zeigen, wie ein Dreieck zu quadrieren ist. Lasse dir von Messer Fazio die Proportionen zeigen. Bringe den Mönch aus Brera dazu, dir »De ponderibus« [einen Text zur Mechanik] zu zeigen. Frage Giannino, den Geschützfabrikanten danach, wie man den Turm von Ferrara fugenlos aufgemauert hat.[12]

Diese Passage stammt aus einem Notizbucheintrag und entstand etwa um das Jahr 1489, als Leonardo am Mailänder Hof lebte und arbeitete. Im Original ist der Text sogar noch dreimal länger – eine lange Liste mit unterschiedlichsten Namen von Experten, Büchern und Dingen, die Leonardo unbedingt treffen beziehungsweise studieren wollte. Sie ist ein eindrucksvolles Beispiel für Leonardos unersättliche Neugier und seinen Wunsch nach persönlichem Austausch, denn er war sein Leben lang an den Ideen und Werken anderer Künstler und Wissenschaftler interessiert. Er wollte von ihnen lernen und sich von ihnen inspirieren lassen – am liebsten aus erster Hand.

Dieser Wissensdurst spiegelt sich in Leonardos gesamten Notizbüchern wider. Sie sind voll mit Anmerkungen und Notizen zu Menschen, die ihn interessierten und faszinierten. Zu solchen Leuten gehörten andere Renaissancegrößen wie Filippo Brunelleschi[13] oder Leon Battista Alberti[14]. Letzterer war eines von Leonardos großen Vorbildern, denn Passagen und Ideen aus Albertis berühmter Abhandlung *De pictura* (dt. *Über die Malkunst*) finden sich an vielen Stellen seiner Notizbücher wieder. Auch von anderen Künstlern schrieb Leonardo lange Passagen aus den ihn interessierenden Werken ab – häufig sogar Wort für Wort. Als kritischer und kreativer Leser kopierte er jedoch nicht nur gedankenlos, sondern kommentierte, was er notierte, und ergänzte seine Notizen mit eigens angefertigten Zeichnungen.

Dabei setzte sich Leonardo nicht nur mit Künstlern auseinander, die ihn begeisterten. Er studierte auch die Arbeiten von Menschen, gegen die er eine Abneigung verspürte. Das prominenteste Beispiel hierfür dürfte wohl sein Künstlerkollege Michelangelo sein, zu dem Leonardo Zeit seines Lebens eine gut dokumentierte Feindschaft pflegte. Das hielt ihn jedoch nicht davon ab, sich mit seinem Rivalen zu beschäftigen und von ihm zu lernen.

Die folgende Zeichnung zeigt eine Skizzenstudie Leonardos zu Michelangelos berühmter David-Skulptur, die beweist, dass Leonardo seinen Konkurrenten intensiv studierte. Sein Prinzip, keine potenzielle Inspirationsquelle zu ignorieren, war Leonardo wichtiger als seine persönlichen Gefühle und Befindlichkeiten. Die Frage »Was kann ich von ihm lernen?« stand für ihn über allem und so spiegelt sich der Einfluss Michelangelos vor allem in Leonardos anatomischen Zeichnungen wider.

Abbildung 4: Skizze des *David* von Michelangelo, 1504

Wie wichtig die intensive Auseinandersetzung und der Austausch mit anderen Menschen für das eigene Lernen, die Inspiration und das Schärfen eigener Ideen sind, erfuhr Leonardo bereits sehr früh während seiner Ausbildung bei Andrea del Verrocchio in Florenz. Dessen Atelier, das man damals als *bottega,* das heißt als »Werkstatt« oder »Laden«, bezeichnete, hatte mit den sauberen Künstlerateliers von heute allerdings nicht viel gemeinsam.

Die Kunstwerkstätten der Renaissance waren vor allem Handwerksbetriebe, in denen unterschiedlichste Aufträge einer wohlhabenden Kundschaft ausgeführt wurden. Dazu gehörten Gemälde, Altarbilder, Skulpturen, Schmiede- und sogar Architekturarbeiten. So ging es in Verrocchios *bottega* eher laut, schmutzig und geschäftig zu. Mit ihrer unbändigen Energie und Emsigkeit lässt sich die Werkstatt wohl am ehesten mit einem belebten Coworking-Space vergleichen. Zu Leonardos Zeiten war sie ein beliebter Treffpunkt unterschiedlichster Kunden, Künstler und Wissenschaftler – ein Forum für Stadtgespräche und Diskussionen sowie ein Treibhaus für neue Ideen. Da sich in Verrocchios dokumentiertem Nachlass eine Laute befand, ist es sehr wahrscheinlich, dass in der Werkstatt auch regelmäßig musiziert wurde.

Diese einzigartige und offene Atmosphäre in Verrocchios Werkstatt, die Menschen verschiedenster Fachrichtungen magisch anzog, scheint Leonardo nachhaltig beeinflusst zu haben. Denn auch seine eigenen Werkstätten, die er später in Florenz und Mailand eröffnete, waren lebendige Orte der Begegnung und des kontinuierlichen Wissensaustauschs.

Neben seinen Mitarbeitern und Auszubildenden zählten immer auch namhafte Musiker, Literaten, Architekten, Wissenschaftler und Künstler zu seinen Stammgästen. Leonardo traf sich regelmäßig mit ihnen, um all die Themen zu besprechen, die ihn umtrieben und seine Neugier beflügelten.

Die Kraft der Wissenslücken

Anfang der 1990er-Jahre stellte George Loewenstein, ein Wirtschaftspsychologe an der Carnegie Mellon University, seine »Lückentheorie der Neugier« auf. Laut Loewenstein entsteht Neugierde immer dann, wenn wir eine Wissenslücke entdecken, die wir als »schmerzhaft« empfinden. Wenn wir etwas wissen wollen, was wir nicht in Erfahrung bringen, ist das wie die Suche nach einem wichtigen Gegenstand, den wir verlegt haben. Um uns wieder besser zu fühlen, möchten wir ihn unbedingt schnellstmöglich wiederfinden und so unsere Wissenslücke schließen.[15]

Für mich ist Loewensteins Theorie eine wunderbare Erklärung für Leonardo da Vincis unersättliche Neugier. Denn sobald er sich in ein Thema verbissen hatte, zu dem ihm noch Informationen zum besseren Verständnis fehlten, machte er sich auf die Suche nach Texten und Fachleuten, die seine Wissenslücken füllen konnten. Ganz sicher war das auch der Grund, warum Leonardo so stark am persönlichen Austausch mit anderen Menschen interessiert war. Heute würde man wohl sagen, dass er ein leidenschaftlicher Netzwerker war – lange bevor der Begriff »Networking« die Popularität erlangte, die er heute weltweit hat.

Dabei hatte Leonardos Wunsch, sich mit den Gedanken und Ideen anderer Menschen zu befassen, einen ganz pragmatischen Hintergrund: Er wusste, dass sein persönliches Wissen begrenzt ist. Er wusste aber auch, dass sein Nichtwissen immer auch das Wissen einer anderen Person sein konnte. Er musste diese Person oder deren Schriften nur ausfindig machen. Hatte er sie erst einmal gefunden, sog er ihre Ideen und ihr Wissen wie ein Schwamm in sich auf. Mit absoluter Offenheit, klarem Verstand und messerscharfen Fragen erschloss sich Leonardo auf diese Art und Weise die unterschiedlichsten Wissensgebiete. Gerade diese vielseitigen Interessen und

Wissensbereiche ermöglichten es Leonardo, scheinbar unmögliche Verbindungen herzustellen und seine außergewöhnlichen Ideen zu entwickeln.

Ein inspirierendes Umfeld

Für Leonardo war sein unmittelbares Umfeld von enormer Bedeutung und er schien damals schon instinktiv gewusst zu haben, was später durch die moderne Wissenschaft bestätigt wurde: wie wichtig das richtige soziale Netzwerk[16] für die persönliche Entwicklung ist. Oder, anders gesagt: Du bist, mit wem du dich umgibst – offline wie online.

In ihrem Buch *Connected! Die Macht sozialer Netzwerke* beschreiben die beiden Wissenschaftler Nicholas A. Christakis von der Harvard University und James H. Fowler von der University of California, wie stark unser unmittelbares Umfeld unser Denken und Handeln beeinflusst. Den Forschern zufolge färben die Menschen, mit denen wir viel zu tun haben, stärker auf uns ab, als wir bislang glaubten. Durch ihre Gedanken, Meinungen und Einstellungen üben sie einen großen Einfluss auf uns und unser Leben aus. Auf der Basis ihrer langjährigen Studien zeigen die Wissenschaftler, dass unser soziales Netzwerk beispielsweise dafür verantwortlich ist, wie gesund wir sind, wie viel Sport wir treiben, wie glücklich oder wie innovativ wir sind. Dieser Einfluss ist umso größer, je näher uns Menschen mit den genannten Eigenschaften in unserem Netzwerk stehen.

Christakis und Fowler formulieren in diesem Zusammenhang das »Gesetz der drei Schritte«[17], das besagt, dass alles, was wir tun und sagen, einen Einfluss auf unsere Freunde (erster Schritt), die Freunde unserer Freunde (zweiter Schritt) und die Freunde der Freunde unserer Freunde (dritter Schritt) hat. Über diese drei Schritte hinaus verliert sich die Wirkung allerdings signifikant, bis sie irgendwann nicht mehr vorhanden ist. Umgekehrt unterliegen innerhalb des Einflussbereichs der »drei Schritte« natürlich auch wir der Beeinflussung durch unsere Freunde. Konkret bedeutet dies, dass ein Freundeskreis, der aus sehr einfallsreichen und innovativen Menschen besteht, dazu führen wird, dass wir selbst innovativer denken, handeln und leben.

Genau diese positiven Effekte machte sich Leonardo da Vinci bereits vor über 500 Jahren zunutze, denn ein Erfolgsgeheimnis seiner Genialität liegt insbesondere in seinen sozialen Netzwerken. Sein ganzes Leben lang suchte Leonardo ganz gezielt den Kontakt zu den wichtigsten Persönlichkeiten, Künstlern, Wissenschaftlern und Literaten seiner Zeit. Auf diese Weise konnte er direkt und indirekt von den außergewöhnlichen Ideen, dem umfassenden Wissen und den fortschrittlichen Einstellungen seiner Kontakte profitieren. Er schuf sich ein Umfeld, das es ihm ermöglichte, seine bereits vorhandenen Fähigkeiten optimal zur Entfaltung zu bringen. Oder, anders formuliert: Leonardos Netzwerke halfen ihm dabei, noch weiter über sich hinauszuwachsen.

Doch wie ist es eigentlich um die positiven Eigenschaften *Ihrer* Netzwerke bestellt? Haben Sie Freunde, die Sie bei Ihren Interessen unterstützen und die Ihnen dabei helfen, sich persönlich weiterzuentwickeln? Oder haben Sie Freunde, die Ihnen eigentlich nichts zutrauen, Ihre Ideen immer kleinreden und Ihnen keine Inspiration sind? Falls Letzteres der Fall ist, sollten Sie Ihr Umfeld unbedingt auf den Prüfstand stellen. Wenn Sie das Gefühl haben, von Ihren Bekannten, Freunden oder Kollegen belächelt und in Ihrer Weiterentwicklung ausgebremst zu werden, sollten Sie sich überlegen, ob es nicht besser wäre, Ihrem aktuellen Netzwerk eine Frischzellenkur zu verpassen und neue Menschen in Ihr Umfeld zu holen: Menschen, die ähnliche oder völlig andere Interessen haben wie Sie. Menschen, die Sie in Ihren Ideen bestärken und die Sie inspirieren. Menschen, mit denen Sie gemeinsam außergewöhnliche Lösungen erarbeiten können. Welche positiven Effekte solche Netzwerke auf unser Leben haben können, zeigt uns das Beispiel von Leonardo.

Ihr Coaching-Kompass

Jetzt sind Sie dran! Nehmen Sie sich einen Stift zur Hand und schätzen Sie mithilfe des folgenden Zahlenstrahls ein, wie stark Sie das vorgestellte Erfolgsprinzip bereits selbst leben. Bewerten Sie sich hierfür auf einer Skala von 1 bis 10 (1 = noch kaum; 10 = sehr stark). Wenn Sie beispielsweise den Eindruck haben, dass Sie bislang kaum soziale Netzwerke für den Wissens- und Ideenaustausch nutzen, dann bewerten Sie sich mit 1. Wenn Sie jedoch der Ansicht sind, dass Sie ein genauso exzellenter Netzwerker wie Leonardo sind, dann können Sie sich mit 10 einstufen. Noch ein Tipp: Falls Sie Schwierigkeiten haben sollten, sich selbst einzuschätzen, kann es hilfreich sein, Freunde, Bekannte oder Verwandte nach ihrer Meinung zu fragen.

Bewerten Sie Ihre Fähigkeiten auf einer Skala von 1 bis 10:

2019

Wie stark nutzen Sie die Kraft sozialer Netzwerke?

1 2 3 4 5 6 7 8 9 10

Sie wissen jetzt, wo Sie stehen. Machen Sie die folgenden Aufgaben und Übungen, um sich weiter mit dem Erfolgsprinzip auseinanderzusetzen und es in Ihren Alltag zu integrieren!

Aufgaben und Übungen

1. Fragen Sie sich, was Sie wirklich interessiert

Suchen Sie sich einen ruhigen Ort und nehmen Sie sich mindestens 20 Minuten Zeit. Gehen Sie in sich und schreiben Sie eine Liste mit all den Dingen, die Sie brennend interessieren, die Sie bislang aber vernachlässigt haben (z.B. ein anderes Land, eine Sportart, ein bestimmtes Thema). Ganz wichtig: Schreiben Sie nicht auf, was »man« interessant finden könnte, sondern nur das, was Sie wirklich interessiert – etwas, das Sie fesselt, Ihre Neugier anstachelt und Ihnen gute Gefühle beschert, wenn Sie daran denken. Picken Sie sich aus Ihrer Liste am Ende die Punkte heraus, die Sie am stärksten ansprechen.

2. Suchen Sie sich inspirierende Vorbilder

Sie wissen nun, was Sie am meisten interessiert. Jetzt geht es für Sie darum, Menschen zu finden, die bereits da sind, wo Sie hin wollen. Sammeln Sie die Namen von Menschen, die schon Experten auf dem jeweiligen Gebiet sind und die Sie bei Ihrem Vorhaben voranbringen können. Schreiben Sie dazu hinter jedes Ihrer Interessensgebiete mindestens eine Person, die Ihnen einfällt. Sollte Ihnen niemand einfallen, ist das auch in Ordnung (weiter unten finden Sie Lösungen für Ihr Problem). Im Idealfall fallen Ihnen aber einige Personen aus Ihrem direkten und erweiterten Umfeld ein, deren Namen Sie auf Ihre Liste schreiben können. Wenn Ihre Liste komplett ist, nehmen Sie zu genau diesen Leuten Kontakt auf und vereinbaren Sie ein Treffen oder Gespräch mit Ihnen. Trauen Sie sich und warten Sie nicht zu lange!

3. Beleuchten Sie Ihr Umfeld

Sind Ihnen beim Suchen der richtigen Personen für Ihre Liste keine Namen aus Ihrem sozialen Umfeld eingefallen? Wenn ja, sollten Sie einen Blick auf Ihr Umfeld werfen und sich folgende Fragen stellen:

Mit welchen Menschen verbringe ich die meiste Zeit? Tun mir diese Menschen gut? Interessieren sie sich für mich? Inspirieren sie mich? Falls Sie eine oder mehrere dieser Fragen mit »Nein« beantwortet haben, sollten Sie sich überlegen, ob Sie Ihre Zeit mit den richtigen Leuten verbringen. Wenn sich Ihre Freunde nicht für das interessieren, was Sie interessiert, warum sind es dann Ihre Freunde? Schließlich lebt eine Freundschaft doch gerade von gemeinsamen Interessen und vom Austausch. Überlegen Sie sich also, ob es nicht sinnvoll wäre, neue Menschen in Ihr Umfeld zu holen. Um das zu tun, müssen Sie Ihre bereits bestehenden Freundschaften übrigens nicht beenden. Es geht vor allem darum, herauszufinden, wie viel Ihrer kostbaren Zeit Sie in Zukunft mit welchen Menschen verbringen möchten.

4. Werden Sie Teil der richtigen Netzwerke

Nutzen Sie, um mit Gleichgesinnten in Kontakt zu kommen, auch bestehende Netzwerke. Recherchieren Sie im Internet, wo sich bereits regelmäßig Menschen zusammenfinden, die Ihre Interessen, Wünsche oder Ziele teilen. Das können regionale Stammtische, Verbände, Arbeitsgruppen oder spezielle Fachveranstaltungen sein. Werden Sie ein Teil solcher Netzwerke, kommen Sie mit den Teilnehmern ins Gespräch und schauen Sie, ob das jeweilige Netzwerk das richtige für Sie ist. Wenn ja, werden Sie mit der Zeit immer mehr inspirierende Menschen kennenlernen, die Sie in Ihrer Weiterentwicklung voranbringen. Wenn nicht, suchen Sie einfach weiter!

5. Werden Sie Teil der »falschen« Netzwerke

Um wertvolle Anregungen und Ideen zu erhalten, kann es auch sehr hilfreich sein, Netzwerke zu besuchen, die auf den ersten Blick gar nichts mit Ihren Interessen oder Zielen zu tun haben. Wenn Sie das Ziel haben, ein guter Vortragsredner zu werden, könnten Sie beispielsweise Teil einer Schauspieltruppe werden. Durch das aktive Proben und

Spielen bekommen Sie dort die Möglichkeit, Ihre Selbstsicherheit zu trainieren und ein Gefühl für Ihre Bühnenpräsenz zu entwickeln. Auch in vermeintlich »falschen« Netzwerken können Sie also Impulse erhalten, die Sie bei Ihrem Vorhaben entscheidend voranbringen.

6. Starten Sie Ihr eigenes Netzwerk

Wenn Sie bei Ihren Überlegungen und Recherchen absolut nicht das richtige Netzwerk für sich finden sollten, dann gründen Sie doch einfach Ihr eigenes. Organisieren Sie zum Beispiel einen Buchclub, einen Stammtisch oder eine Online-Community. Handeln Sie proaktiv und bleiben Sie am Ball! Selbst wenn sich Ihr Netzwerk noch nicht etabliert hat und Sie am Anfang nur zu zweit oder zu dritt sind, werden Sie vom Austausch in Ihrer Gruppe profitieren.

7. Achten Sie auf die Losada-Rate

Wenn Sie sich einmal nicht sicher sein sollten, welches Ihrer Netzwerke Ihnen tatsächlich weiterhilft, sollten Sie auf die »Losada-Rate« achten. Die Losada-Rate beschreibt das Verhältnis von positiven und negativen Botschaften in einem Unternehmen, einer Gruppe oder in der Familie. In einer Studie haben die Psychologen und Unternehmensberater Barbara Fredrickson und Marcial Losada nachgewiesen, dass der Quotient aus positiven und negativen Botschaften ein Ausdruck für die Leistungsfähigkeit und Innovationsstärke von Teams sowie die Qualität von Beziehungen ist.[18] In erfolgreichen Unternehmen liegt die Losada-Rate beispielsweise bei mindestens 2,9 zu 1, das heißt, dass knapp drei positive Aussagen einer negativen gegenüberstehen. Positive Aussagen sind zum Beispiel Lob, Wertschätzung, Ermutigung und gegenseitige Unterstützung. Falls Sie in einem Ihrer Netzwerke das Gefühl haben, dass zwischen den Partnern nicht die positiven, sondern die negativen Aussagen überwiegen, sollten Sie darüber nachdenken, ob Sie Ihre Zeit und Energie nicht lieber in ein erfolgversprechenderes Netzwerk stecken.

3.2 Klaue gute Ideen – und perfektioniere sie!

Armselig der Schüler, der seinen Meister nicht übertrifft.[19]

Lange Zeit waren Wissenschaftler der Überzeugung, dass Leonardos Ideen das Resultat seines außergewöhnlichen Erfindergeists waren, der seiner Zeit in Sachen Originalität und Einfallsreichtum um Jahrhunderte voraus war – eine Einschätzung, die auch Sigmund Freud teilte. In seiner *Kindheitserinnerung des Leonardo da Vinci* zitiert er den russischen Schriftsteller Mereschkowski, der Leonardo als einen Menschen beschrieb, der zu früh in der Dunkelheit erwachte, während alle um ihn herum noch schliefen.[20] Da Vincis revolutionäre Erfindungen, so die weitverbreitete Meinung, ragten wie Monolithen aus den eher unbedeutenden Leistungen seiner Zeitgenossen heraus.

Die Erkenntnis, dass auch ein großartiger Erfinder wie Leonardo seine Entdeckungen nicht im »luftleeren Raum« gemacht haben konnte, sondern den Einflüssen und Ideen seiner Epoche unterlag, setzte sich erst im Laufe des 20. Jahrhunderts durch. Bei ihren Recherchen entdeckten immer mehr Forscher, dass viele von Leonardos Ideen im Original gar nicht von ihm, sondern von anderen stammten. So lassen sich zahlreiche seiner Konstruktionen in ähnlicher Form bereits in älteren Notizbüchern anderer Renaissanceerfinder wie Francesco di Giorgio Martini aus Siena[21] oder Roberto Valturio aus Verona[22] finden. Leonardo scheute sich also nicht davor, auf fremde Ideen zurückzugreifen und sie für sich zu nutzen.

Was uns aus heutiger Sicht als skrupelloser Ideenklau erscheint, war damals allerdings gängige Praxis. Urheberrecht und geistiges Eigentum spielten zu Leonardos Zeiten praktisch keine Rolle, denn die Praxis des Kopierens gehörte zur handwerklichen Grundausbildung. Auch für Leonardo war das Kopieren ein fester Bestandteil seiner Lehrzeit bei Andrea del Verrocchio. Denn in der Renaissance zählte die Malerei nicht zu den freien Künsten, sondern zum Handwerk, und entsprechend verlief auch die Malerausbildung. Schüler waren dazu angehalten, ihre Meister jahrelang zu beobachten und nachzuahmen. Erst wenn sie deren Stil perfekt verinnerlicht hatten, durften sie an offiziellen Aufträgen mitarbeiten. Die Meister selbst holten sich ihre Ideen und Anregungen wiederum aus anderen Werkstätten. Im Italien der Renaissance war Ideenklau also nichts Außergewöhnliches – jeder kopierte jeden und niemand schien sich wirklich daran zu stören.

Was Leonardo jedoch von all seinen Zeitgenossen unterschied, war die Tatsache, dass es ihm beim Aufgreifen von Ideen anderer nie um blinde Nachahmung ging. Wenn er sich intensiver mit einer fremden Idee befasste, dann tat er das immer mit der festen Absicht, diese zu verbessern und zu perfektionieren. Das war auch der Grund, warum Leonardo bereits während seiner Ausbildung bei Verrocchio seinen ganz eigenen Malstil entwickelte, indem er mit bestehenden Farben und Techniken experimentierte und diese weiterentwickelte. So arbeitete er bereits mit Ölfarben, während der Rest der Werkstatt inklusive seines Meisters noch mit Ei-Temperafarben malte, und konnte auf seinen Bildern dadurch einen bis dahin noch nicht gekannten Realismus erzeugen. Für Leute, die andere lediglich kopierten, hatte Leonardo nur Geringschätzung übrig. Sie waren für ihn lediglich »Nachbeter der Werke anderer«.[23]

Wie bereits erwähnt, spiegelt sich in fast jeder von Leonardos Ideen auch das Gedankengut und Wissen seiner Zeit wider, was ihren Wert jedoch nicht schmälert. Im Gegenteil: Gerade die Art und Weise, wie Leonardo bestehende Stile, Theorien und Techniken hinterfragte, überdachte und verbesserte, zeigt die Brillanz seines innovativen Geistes. So war er definitiv nicht der erste Ingenieur, der Zeichnungen von Maschinen anfertigte. Dennoch war seine Arbeit auf diesem Gebiet revolutionär, weil er unter anderem die sogenannte

»Explosionszeichnung« entwickelte. Leonardo »sezierte« mit ihrer Hilfe Maschinen, indem er sie im Querschnitt und aus verschiedenen Blickwinkeln darstellte. Auf diese Weise war es ihm möglich, sowohl die Funktionsweise der Einzelteile als auch deren Zusammenspiel zu verstehen. Die Idee hinter diesem Vorgehen beschrieb Leonardo in einem seiner Notizbücher folgendermaßen: »Jene Instrumente werden zum größten Teil ohne Verkleidungen oder sonstige Elemente dargestellt, die das Auge desjenigen hindern, der sie studieren möchte.«[24]

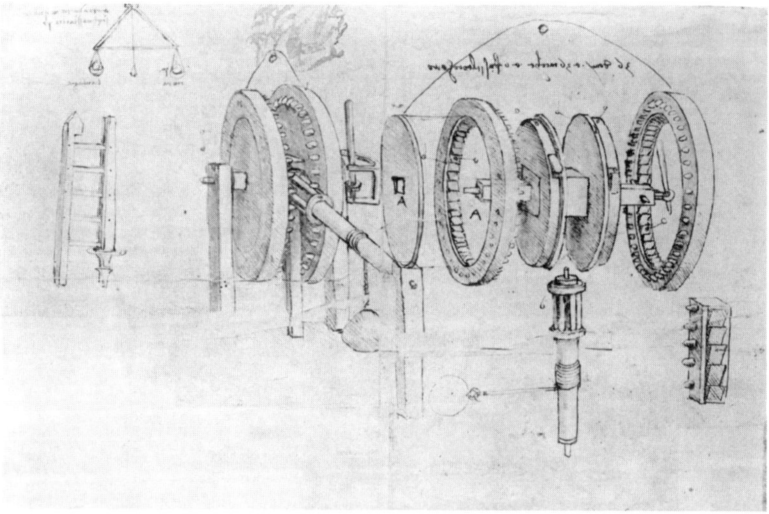

Abbildung 5: Explosionszeichnung, *Winde auf zwei Rädern*, 1478–1480

Auch als Künstler baute er auf Bestehendem auf und entwickelte es gezielt weiter. So basiert der *Vitruvianische Mensch*, eines von Leonardos bekanntesten Werken, auf den Ideen eines anderen: denen des römischen Architekten Vitruv. In seiner aus der Antike überlieferten Abhandlung *De architectura libri decem* (dt. *Zehn Bücher über die Architektur*) beschrieb Vitruv bereits im ersten Jahrhundert vor Christus die idealen Proportionen des menschlichen Körpers. Um

1490 griff Leonardo dieses Proportionssystem wieder auf, überarbeitete es und entwickelte darauf aufbauend seine weltberühmte Zeichnung, die heute zum Symbol der Renaissance schlechthin geworden ist. Sie basiert auf der Idee, dass sich die Vollkommenheit des Universums im Bau des menschlichen Körpers widerspiegelt und in ganz bestimmten, symmetrischen Prinzipien zum Ausdruck kommt. So fand Leonardo beispielsweise heraus, dass die Länge der ausgestreckten Arme der Körpergröße eines Menschen entspricht oder die Länge vom Handgelenk bis zur Spitze des Mittelfingers ein Zehntel der Körpergröße ausmacht.

Mit Zirkel und Lineal vollzog Leonardo in der Zeichnung die Vollkommenheit der Schöpfung nach und machte den Menschen damit zum »Maß aller Dinge«: Er steht im Zentrum eines neuen, wissenschaftlich geprägten Weltbilds, in dem nicht mehr die Kirche, sondern der Mensch selbst die Deutungshoheit besitzt. So vermuten nicht wenige Biografen und Forscher, dass sich der leidenschaftliche Wissenschaftler Leonardo in der Zeichnung selbst verewigt hat.[25]

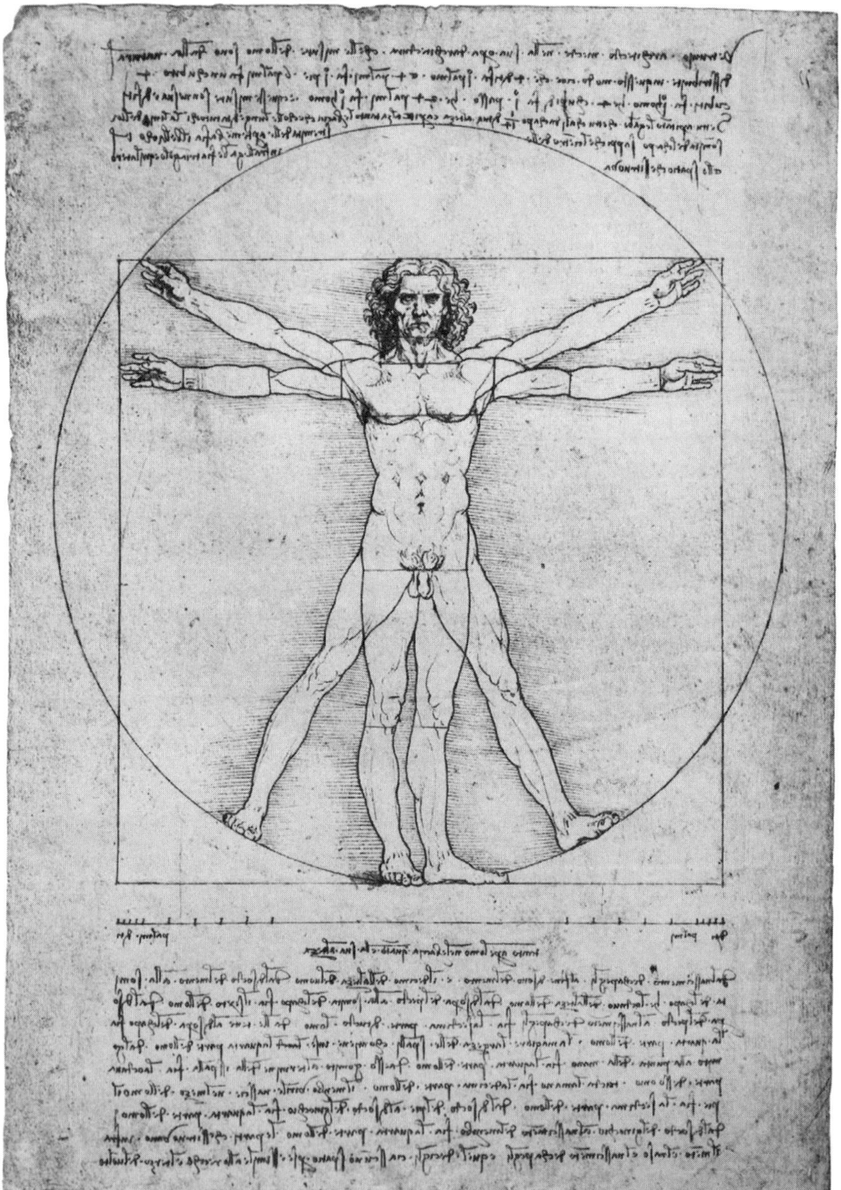

Abbildung 6: *Vitruvianischer Mensch*, 1490

Nachahmer oder genialer Erfinder?

War Leonardo nun ein genialer Erfinder oder nur ein Nachahmer, der auf bestehende Ideen zurückgriff? Die einfache Antwort lautet: beides. Gerade diese Kombination machte Leonardo so erfolgreich. Denn Innovatoren sind ganz häufig nicht die außergewöhnlichen Tüftler, die wir in unserer romantischen Vorstellung gerne in ihnen sehen. Sie sind vor allem eines: gute Diebe. Eine ihrer Hauptfähigkeiten besteht darin, gute Ideen zu stehlen und daraus etwas Neues, Besseres zu entwickeln. Einer der produktivsten Erfinder aller Zeiten, Thomas Alva Edison, machte aus dieser Erfolgsformel erst gar kein Geheimnis: »Die meisten meiner Ideen gehörten ursprünglich anderen Leuten, die sich nicht die Mühe gemacht haben, sie weiterzuentwickeln.«[26] So stammte die Idee zur Glühbirne, mit der Edison heute in Verbindung gebracht wird, ursprünglich gar nicht von ihm. Zahlreiche andere Erfinder, wie der Amerikaner John Wellington Starr oder der britische Physiker Joseph Wilson Swan, hatten schon lange vor Edison an der Glühbirne gearbeitet.[27]

Aber auch in unserer heutigen Zeit, die von einem sehr oberflächlichen Wettlauf um Originalität geprägt ist, arbeiten die erfolgreichsten Innovatoren nach diesem Prinzip. Der verstorbene Visionär und Apple-Chef Steve Jobs war sogar stolz darauf, ein Ideendieb zu sein. In Interviews zitierte er in diesem Zusammenhang gerne Pablo Picasso, der gesagt haben soll: »Gute Künstler kopieren, großartige Künstler stehlen.«[28] Bei Apple gehörte der Ideenklau zum Geschäft und war sogar ausdrücklich gewünscht: »Bei Apple haben wir immer schamlos gute Ideen geklaut«,[29] gab Jobs ganz offen zu. So stammte die Idee zu Apples revolutionärem iPad eigentlich von Microsoft. Microsoft hatte bereits zehn Jahre vor dem Erscheinen des ersten iPads einen Tablet-PC mit Touchscreen entwickelt, der auf dem Markt aber nicht angenommen wurde. Steve Jobs machte sich die Idee für Apple zu eigen und perfektionierte sie. Der Rest ist Geschichte.

Viele selbst ernannte Innovatoren müssen jetzt also ganz stark sein. Denn die meisten ihrer Ideen sind bei Weitem nicht so einzigartig und revolutionär, wie sie meinen. Nichts in unserer Welt ist wirklich neu – egal ob es Produkte, Songs, Filmideen oder Denkleistungen sind. Es ist eine Illusion, zu glauben, dass wir etwas erschaffen können, das nicht von den Ideen und Werken anderer beeinflusst ist. Das wusste auch Leonardo. Er war davon überzeugt, dass alles in unserer Welt miteinander in Verbindung steht und nichts aus dem Nichts entsteht. Leonardo war sozusagen der Prototyp eines systemischen Denkers. Ein Problem zu verstehen, bedeutete für ihn immer auch, es in Beziehung zu anderen Ideen und Phänomenen zu setzen, um Ähnlichkeiten und Muster zu erkennen. Seine Umwelt verstand er dabei als offenen Experimentierkasten – er musste sich nur aus ihm bedienen.

Die Kunst des klugen Klauens

Was sich auf den ersten Blick so spielerisch leicht anhört, ist in der Praxis aber gar nicht so einfach. Das richtige Klauen ist eine Kunst, die nur sehr wenige Menschen beherrschen. Denn beim Ideenklau geht es gerade nicht darum, wahllos die nächstbesten Ideen zu klauen, sondern darum, ganz selektiv vorzugehen. Gute Ideendiebe sind wie Goldsucher, die aus der Masse von Ideen nur diejenigen »herausschürfen«, die sie für wirklich wertvoll und verwertbar halten. Darüber hinaus zeichnen sie sich durch einen wachen Verstand und scharfe Sinne aus. Professionelle Ideendiebe gehen mit offenen Augen und Ohren durch die Welt und stöbern auch dort nach guten Ideen, wo andere gar nicht erst suchen würden. Wie Detektive machen sie sich auf die Suche nach dem nächsten Puzzleteil, das sie mit ihren eigenen Ideen und Entwicklungen kombinieren können.

Sobald sie eine gute Idee gefunden haben, geht es ihnen jedoch nicht darum, diese einfach zu klauen und zu kopieren. Jede Idee wird zunächst noch einmal gründlich auf den Prüfstand gestellt. Wie bei Leonardos Explosionszeichnung wird die Idee in ihre Einzelteile zerlegt, um genau zu verstehen, wie gut oder schlecht sie »funktioniert«. Anschließend gilt es dann, die besten Elemente der Idee herauszupicken, neu zusammenzusetzen und gezielt zu verbessern. Oder, wie der Filmemacher Jean-Luc Godard sagte: »Es ist gleichgültig, wo du etwas herholst, entscheidend ist, wo du es hinbringst.«[30]

Viele von Ihnen werden sich über ein solches Vorgehen vielleicht empören, aber ob es Ihnen gefällt oder nicht: Das Klauen von Ideen ist erlaubt. Solange Ideen nicht einen gewissen Entwicklungsstand erreicht haben oder bereits patentiert wurden, können sie von jedem aufgegriffen und im Idealfall weiterentwickelt werden. Auch von Ihnen! Machen Sie sich Leonardos Kunst des klugen Klauens zunutze, um ein glücklicheres und erfolgreicheres Leben zu führen! Gehen Sie mit offenen Augen durch das Leben und suchen Sie nach Ideen, die Sie faszinieren, die Sie inspirieren und die Sie für sich und Ihre Ziele nutzen und weiterentwickeln können!

Umgekehrt sollten Sie aber auch offener mit Ihren eigenen Ideen umgehen. Versuchen Sie erst gar nicht, sie vor aller Welt geheim zu halten. Leonardo tat das übrigens auch nicht in dem Maße, wie wir das heute gerne glauben. So teilte er Zeit seines Lebens viele seiner Ideen mit potenziellen Auftraggebern, Freunden oder Mitarbeitern. Leonardo legte dabei ganz gewiss nicht alle Details seiner Ideen offen – und das müssen auch Sie nicht tun. Sie selbst haben es in der Hand, wie viel Sie von Ihren Ideen preisgeben möchten. In übertriebener Zurückhaltung brauchen Sie sich allerdings nicht zu üben. Denn eines müssen Sie sich immer vor Augen halten: Jede wirklich gute Idee, die Sie haben, können auch nur Sie in Ihrem ganz eigenen Stil weiterentwickeln. Das heißt, selbst wenn jemand eine Ihrer Ideen klauen sollte, käme am Ende immer etwas völlig anderes heraus.

Ihr Coaching-Kompass

Bewerten Sie Ihre Fähigkeiten auf einer Skala von 1 bis 10:

2019

Wie gut beherrschen Sie die Kunst des »klugen Klauens«?

1 2 3 4 5 6 7 8 9 10

Aufgaben und Übungen

1. Finden Sie die Ideenquelle

Wussten Sie, dass die Entwicklung des Mobilfunks bereits 1926 in den Zügen der Deutschen Reichsbahn begann oder dass es die Brennstoffzelle bereits seit 1837 gibt?

Nehmen Sie eine nützliche Erfindung, die Ihren Alltag maßgeblich prägt (zum Beispiel Computer, Auto, Mobiltelefon), und verfolgen Sie ihren Entwicklungspfad! Recherchieren Sie dazu im Internet, welchen Weg die Erfindung von der allerersten Idee bis zum heutigen Entwicklungsstand bereits zurückgelegt hat. Sie werden bestimmt überrascht sein, wie weit die wahren Ursprünge vieler Ideen zurückliegen und wie viele Menschen an der (Weiter-)Entwicklung der jeweiligen Idee beteiligt waren …

2. Sezieren Sie ein schlechtes Produkt …

Schnappen Sie sich einen Artikel aus Ihrem Haushalt, den Sie für nicht besonders praktisch oder sogar misslungen halten. Legen oder stellen Sie den Artikel prominent auf den Tisch und skizzieren Sie oder schreiben Sie auf, wo aus Ihrer Sicht die Schwachpunkte des Artikels liegen! Falls möglich, können Sie den Artikel hierfür natürlich auch in seine Einzelteile zerlegen.

3. … und verbessern Sie es

Machen Sie sich anschließend Gedanken darüber, wie Sie diese Schwächen ausmerzen und den Artikel gezielt verbessern könnten. Schicken Sie Ihre Verbesserungsvorschläge anschließend direkt an den Hersteller. Vielleicht werden Ihre Ideen ja mit einem Dankesschreiben, einem Gutschein oder sogar einem Jobangebot belohnt … ☺

4. Seien Sie ständig auf Diebeszug

Egal ob Sie sich gerade am Strand, in einem Gespräch, auf einem Kongress oder auf dem Behandlungsstuhl beim Zahnarzt befinden – überall können Sie auf Ideen und Hinweise stoßen, die Ihnen weiterhelfen. Gehen Sie ab sofort aufmerksam durch Ihr Leben und nehmen Sie sich vor, jede Woche mindestens eine gute Idee ausfindig zu machen, die Sie bei Ihren eigenen Vorhaben und Projekten voranbringen könnte.

5. Werden Sie zum »Ideenchecker«

Stellen Sie jede Idee, die Sie auf den ersten Blick interessant finden, immer noch einmal auf den Prüfstand, bevor Sie mit ihr weiterarbeiten. Stellen Sie sich dazu folgende Fragen: Warum ist diese Idee so interessant? Was ist anders an ihr? Was an der Idee ist richtig gut? Was ist richtig schlecht? Gab es die Idee schon einmal? Wenn ja, wo? Bei welchem meiner Themen könnte mir diese Idee weiterhelfen? Wie könnte ich die Idee dafür nutzen? Was könnte man aus dieser Idee noch machen?

6. Lesen Sie diese wunderbare Anleitung zum Ideenklau

Lesen Sie das kleine Büchlein *Alles nur geklaut: 10 Wege zum kreativen Durchbruch* von Austin Kleon.

3.3 Denke mit dem Stift in der Hand!

Und zeichne all das mit flüchtigen Strichen in deinem Büchlein auf, das du immer bei dir tragen musst [...] Es gibt doch so unendlich viele Formen und Vorgänge, dass das Gedächtnis sie nicht alle zu behalten vermag.[31]

Leonardo ist uns heute vor allem als hervorragender Maler bekannt, der Werke wie die *Mona Lisa* oder *Das Abendmahl* geschaffen hat. Zu seinen Lebzeiten verbrachte Leonardo die meiste Zeit des Tages jedoch nicht mit dem Malen, sondern mit dem Schreiben und Zeichnen. Alles, was Leonardo beschäftigte – seien es Beobachtungen, Ideen, Studien, lateinische Vokabeln, persönliche Erfahrungen oder sogar Einkaufslisten –, hielt er regelmäßig in Skizzen- und Notizbüchern fest. Am Ende seines Lebens hinterließ er die beeindruckende Anzahl von rund 24.000 Notizbuchseiten und ca. 100.000 Zeichnungen – so viel wie kein anderer Künstler vor ihm[32].

Leider sind von Leonardos Handschriften heute nur noch rund 7.000 Seiten erhalten, die sich auf zehn verschiedene Bände verteilen. Einige Notizbücher befinden sich noch in ihrem originalen Zustand, andere wurden erst nach Leonardos Tod aus ursprünglich losen Blättern in feste Einbände zusammengefasst. Diese Sammelbände werden auch als »Codices« bezeichnet und tragen meist den Namenszusatz eines ehemaligen Besitzers (zum Beispiel Codex Arundel) oder ihres heutigen Aufbewahrungsorts (zum Beispiel Codices Madrid). Eine einzige dieser Notizbuchseiten ist heute mehrere Millionen Euro wert.

Für Leonardo hatte das Führen seiner Notizbücher einen ganz pragmatischen Hintergrund. Aufgrund seiner außergewöhnlichen Bandbreite an Interessen suchte er schon früh nach einer Methode, seine Beobachtungen einzufangen, Gedanken und Ideen festzuhalten und

Bilder zu skizzieren. Außerdem suchte er nach einer Möglichkeit, sich an Dinge zu erinnern, die er gehört oder gelesen hatte, und sich bei all dem immer wieder ins Gedächtnis zu rufen, was er sich vorgenommen hatte. Die Lösung, die Leonardo für sich entdeckte, waren kleine und große Notizbücher, die er spätestens Anfang der 1480er-Jahre intensiv zu führen begann.

Wirklich innovativ war diese Idee allerdings nicht. Bei den Künstlern der Renaissance waren Skizzen- und Notizbücher bereits weit verbreitet und Leonardo lernte sie wahrscheinlich schon während seiner Lehrzeit bei Andrea del Verrocchio kennen und schätzen. Meister gaben ihren Schülern Skizzenhefte und »Sudelbücher« als Arbeits-, Inspirations- und Lernhilfe und empfahlen ihnen, sich selbst solche Bücher anzulegen. Vor diesem Hintergrund war Leonardos Vorliebe für Notizbücher nichts Außergewöhnliches. Was Leonardo im Vergleich zu allen anderen Künstlern und Ingenieuren seiner Zeit jedoch einzigartig macht, ist die enorme Themenvielfalt, die er in seinen Notizbüchern behandelte. So befinden sich in seinen Aufzeichnungen neben ganz alltäglichen Notizen auch Bemerkungen und Beiträge zur Malerei, Mechanik, Geometrie, Astronomie, Biologie, Anatomie und vielen weiteren Themengebieten. Für Leonardo waren seine Notizbücher wie ein zweites Gehirn, in dem er all die Dinge »speicherte«, die ihn begeisterten.

Dabei praktizierte er etwas, das sich am besten als »Denken mit dem Stift« beschreiben lässt. Als leidenschaftlicher Ideenjäger wusste Leonardo, dass der nächste zündende Einfall überall auf ihn warten konnte – sei es in der Natur, auf den Straßen Mailands oder in einem anregenden Gespräch. Deshalb trug er immer ein kleines Notizbuch bei sich. So stellte er sicher, dass er all seine spontanen Beobachtungen und Gedanken zu jedem Zeitpunkt festhalten, weiterentwickeln und bei Bedarf auf sie zurückkommen konnte. Auf diese Weise suchte Leonardo auch nach Gesichtern und Modellen für seine Gemälde wie *Das Abendmahl*. Cristoforo Giraldi, ein Zeitgenosse Leonardos, schreibt dazu: »Wenn Leonardo eine bestimmte Figur zeichnen wollte [...], ging er an Orte, an denen er Menschen dieser Art finden konnte [...] Und wenn er fand, wonach er suchte, zeichnete er es mit einem Metallstift in ein kleines Buch, das stets an seinem Gürtel hing.«[33]

Dabei lag Leonardos große Neuerung vor allem darin, bestimmte Beobachtungen nicht mehr nur, wie in mittelalterlichen Texten üblich, mit den begrenzten Mitteln der Sprache, sondern auch visuell darzustellen. Leonardo war fest davon überzeugt, dass Bilder Zusammenhänge besser vermitteln können als Sprache: »O Schriftsteller, mit welchen Worten kannst du diese Gebilde so vollkommen wiedergeben, wie es diese Zeichnung hier tut?«[34] Und an anderer Stelle schreibt er: »Ich rate dir: Bemühe dich nicht mit Worten,

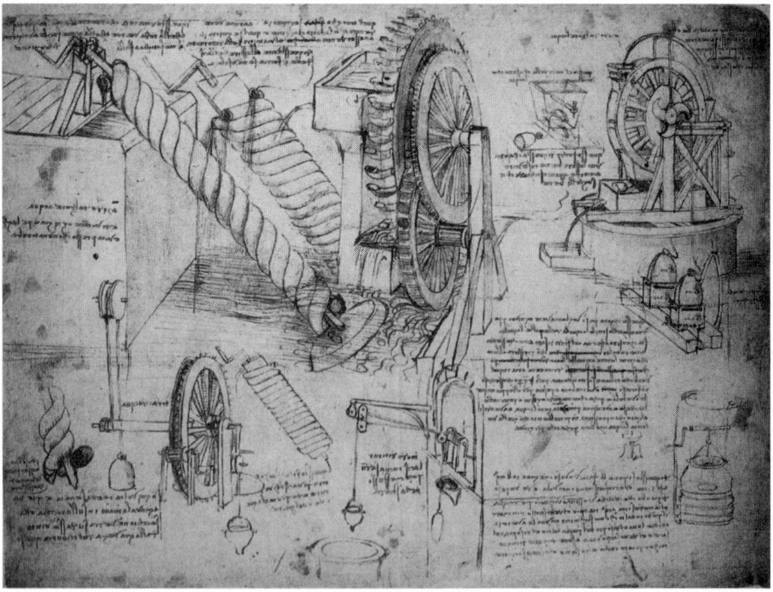

Abbildung 7: *Wasserräder und archimedische Schrauben*, 1480–1482

wenn du nicht zu Blinden sprichst.«[35] Aus dieser Überzeugung heraus füllte Leonardo seine Notizbücher fortlaufend mit unzähligen Skizzen und Zeichnungen, die er mit bestechender Klarheit und Präzision anfertigte. Gerade diese Genauigkeit und die Tatsache, dass er erstmals mit Perspektiven, Transparenzen und Querschnitten arbeitete, machen Leonardos Notizbücher revolutionär.

Leonardos Art, seine Notizbücher zu führen, war auch noch in anderer Hinsicht außergewöhnlich. So schrieb er all seine Texte in schwer lesbarer Spiegelschrift – wahrscheinlich weniger aus Gründen der Geheimhaltung, sondern weil er als Linkshänder beim Schreiben die Tinte nicht verwischen wollte. Später wurden Leonardos ungewöhnliche Aufzeichnungen bisweilen sogar für Chinesisch gehalten. Tatsächlich verfasste er seine Notizen auf Italienisch und bediente sich dabei, im Gegensatz zu vielen lateinisch schreibenden Gelehrten seiner Zeit, einer recht einfachen, schnörkellosen Sprache. An einigen Stellen seiner Notizbücher pflegte er zwar auch eine literarische Schreibweise, insgesamt war sein Stil aber eher pragmatisch und effizient. Dazu passend verwendete Leonardo in seinen Notizbüchern auch viele Abkürzungen. Ausschweifende Formulierungen, so glaubte er, stiften am Ende nur Verwirrung und lenken vom wahren Kern einer Sache ab.

Notizbuch führen macht schlau

Wenn Sie glauben, dass Leonardo mit seiner Obsession für Notizbücher eine Ausnahmeerscheinung war, liegen Sie falsch. Vielmehr befindet er sich damit in sehr guter – oder besser gesagt – genialer Gesellschaft. Denn bereits im Jahr 1926 erforschte die amerikanische Stanford-Psychologin Catharine Cox in ihrem Buch *The Early Mental Traits of Three Hundred Geniuses* (dt. *Die frühen mentalen Merkmale von dreihundert Genies*) die Gewohnheiten von über

300 herausragenden Wissenschaftlern, Künstlern und Politikern, die zwischen 1450 und 1850 gelebt haben. Dazu gehörten beispielsweise Isaac Newton, Albert Einstein, Johann Sebastian Bach, Napoleon oder Johann Wolfgang von Goethe. Dabei fand sie heraus, dass all diese Genies eine große Gemeinsamkeit aufwiesen: Sie alle hielten ihre Einsichten, Beobachtungen, Gefühle, Gedichte und Fragen regelmäßig in Notizbüchern oder Briefen an ihre Freunde und Familien fest.

Auch in unserer heutigen Zeit sind die erfolgreichsten Menschen begeisterte Notizbuchschreiber. So hat der britische Multimilliardär und mehrfache Unternehmensgründer Richard Branson auf die Frage, woher er all seine Ideen nimmt, eine ganz einfache Antwort: »Ich habe jederzeit ein Notizbuch zur Hand, in dem ich Fragen, Sorgen und gute Ideen festhalte.«[36] Weiter schreibt er: »Ich bin berüchtigt dafür, dass ich mir, falls ich mein Notizbuch nicht dabeihabe, Notizen auf meine Arme und Hände schreibe.«[37]

Die meisten von uns nutzen Notizbücher allerdings kaum. Schätzungen zufolge führt nur ein Prozent der Weltbevölkerung regelmäßig ein Tagebuch oder Notizbuch. Normalerweise schreiben wir nur dann etwas auf, wenn wir es für ganz besonders wichtig halten. Das ist jedoch ein großer Fehler, denn sehr oft sind es gerade die unscheinbaren Dinge und Beobachtungen, die später zu tollen Einfällen führen. Ideen entstehen letztlich immer aus unseren Wahrnehmungen, aber wenn wir unsere Eindrücke nie festhalten, können wir auch keine Ideen entwickeln.

Darüber hinaus wirkt sich das handschriftliche Festhalten unserer Ideen, Gedanken und Beobachtungen sehr positiv auf unsere kognitiven und kreativen Fähigkeiten aus. Oder anders gesagt: Das Schreiben per Hand macht uns schlauer. Denn dabei muss sich unser Gehirn Formen und Linienabfolgen merken und diese dann anhand motorischer Abläufe aufzeichnen. Das heißt, wir sehen das Geschriebene nicht nur, sondern können es durch unsere Bewegung mit Arm und Hand auch fühlen. Außerdem werden im Gegensatz zum bloßen Tippen auf dem Smartphone, Tablet oder Computer beide Gehirnhälften gleichzeitig gefordert. Kein Wunder also, dass unser Gehirn Informationen besser aufnehmen, durchdringen und abrufen kann, wenn wir diese per Hand aufschreiben.

Einen zusätzlichen positiven Effekt für unser Gehirn können wir erzielen, wenn wir alles, was uns beschäftigt, nicht nur aufschreiben, sondern wie Leonardo auch aufzeichnen. So schult das regelmäßige Zeichnen neben unserer Feinmotorik und Konzentration auch unsere bewusste Wahrnehmung. Wenn wir beispielsweise die Skizze eines Gegenstandes anfertigen wollen, der uns fasziniert, benötigen wir hierfür immer ein gewisses Maß an Konzentration und zielgerichteter Aufmerksamkeit. Und je häufiger wir unsere Beobachtungen, Fragen und Ideen aufzeichnen, desto sicherer werden wir und desto besser können wir unsere Wahrnehmung für Details schärfen, die uns ansonsten gar nicht aufgefallen wären. Ein weiterer Vorteil: Wir können uns die Bilder, die hierbei entstehen, viel besser einprägen, weil sie im Gegensatz zu rein schriftlichen Informationen tiefere emotionale Schichten erreichen und somit besser im Gedächtnis bleiben. Außerdem lassen uns Bilder viel mehr Raum für Interpretation als Texte und setzen dadurch Assoziationen und Lernprozesse in Gang. Gerade beim (Weiter-)Entwickeln neuer Ideen hilft uns das enorm.

Laden Sie Ihre Geistesblitze auf!

Bei allen interessanten Wahrnehmungen oder Ideen, die wir nicht sofort aufschreiben oder skizzieren, erleben wir dasselbe wie mit Träumen, an die wir uns kurz nach dem Aufstehen nicht mehr erinnern können. Wir haben eine vielversprechende Idee und sagen: »Wow, die ist gut, die merke ich mir.« Aber bereits 15 Sekunden später beginnt unsere Idee zu verblassen und schon nach einer Minute haben wir sie wieder vergessen.

Wie das Eingangszitat dieses Kapitels zeigt, wusste Leonardo von der Flüchtigkeit unserer Gedanken – daher hielt er so viele Wahrnehmungen, Gedanken und Fragestellungen wie möglich in seinen Notizbüchern fest.

Wenn wir über einen längeren Zeitraum hinweg unsere Ideen und Probleme zu Papier bringen, hat das auch noch einen anderen positiven Nebeneffekt: Wir initiieren damit ein Phänomen, das wir »Geistesblitz« nennen. Durch unser schriftliches Festhalten verankern wir Informationen in Form von Texten, Bildern und Konzepten fest in unserem Unterbewusstsein und aktivieren die entsprechenden neuronalen Netze in unserem Gehirn. Auf diese Weise sorgen wir dafür, dass die Informationen von unserem unglaublich leistungsstarken und kreativen Unterbewusstsein (Hirnforscher gehen davon aus, dass unser Unterbewusstsein über 10 Millionen Mal größer ist als unser bewusstes Denken) zu Lösungen verarbeitet werden können.

Und es kommt noch besser: Da unser Unterbewusstsein niemals schläft, arbeitet es auch dann weiter, wenn wir aufhören, aktiv über eine Fragestellung oder ein Thema, das uns beschäftigt, nachzudenken. Unsere Gedanken wandern weiterhin kreuz und quer durch unser Unterbewusstsein, stoßen zusammen und gehen millionenfach neue Verbindungen ein. Und wenn wir die Frage eigentlich schon wieder vergessen zu haben scheinen, schießt uns die Antwort plötzlich in unser Bewusstsein: Wir haben einen Geistesblitz und die Lösung erscheint uns auf einmal sonnenklar. All unsere Notizen und Zeichnungen haben uns dabei geholfen, unseren Geistesblitz so richtig aufzuladen.

Ihr Coaching-Kompass

Bewerten Sie Ihre Fähigkeiten auf einer Skala von 1 bis 10:

2019

Wie gut praktizieren Sie das »Denken mit dem Stift«?

1 2 3 4 5 6 7 8 9 10

Aufgaben und Übungen

1. Führen Sie ein klassisches Notizbuch

Kaufen Sie sich ein schönes, hochwertiges Notizbuch – schließlich sind Ihre Ideen ja auch wertvoll –, das Sie überall hin gut mitnehmen können. Sammeln Sie darin mit dem Stift in der Hand all Ihre täglichen Wahrnehmungen, Ideen und Informationen zu Themengebieten, die Sie interessieren. Besonders wichtig ist hierbei, Geduld zu haben und am Ball zu bleiben. Denn mit einem Notizbuch ist es wie mit einem Sparbuch: Am Anfang wird sich erst einmal sehr wenig tun, aber nach einer gewissen Zeit werden Sie erstaunt sein, wie schnell sich Ihre Aufzeichnungen zu einer unerschöpflichen Quelle Ihrer Kreativität und Innovationskraft entwickeln.

2. Strukturieren Sie Ihr Notizbuch

Damit Ihr Notizbuch nicht zu einer Einbahnstraße wird, die Ihre Ideen nur vom Kopf aufs Papier, aber nicht zurück in den Kopf bringt, ist es wichtig, dass Sie Ihr Notizbuch auf eine produktive und strukturierte Art und Weise füllen. Hier einige Tipps, die Sie beim Führen Ihres Notizbuches beherzigen sollten:

- **Tragen Sie Ihre Adresse ein**
  Schreiben Sie immer Ihre vollständige Adresse, E-Mail und Telefonnummer vorne ins Buch. Sollte es verloren gehen, kann es ein ehrlicher Finder an Sie zurückschicken.
- **Nummerieren Sie Ihre Seiten**
  Seitenzahlen sind sehr hilfreich, da sie Ihnen später das Auffinden oder »Verlinken« bestimmter Ideen ermöglichen. Nummerieren Sie daher vor dem ersten Gebrauch fortlaufend alle Seiten, am besten am unteren Rand. Alternativ können Sie die Seitenzahlen während des Schreibens ergänzen, wenn Sie eine neue Seite beginnen.
- **Lassen Sie Platz**
  Starten Sie jedes neue Thema auf einer neuen Seite. Lassen Sie vor und nach jedem Ihrer Einträge genug Platz für weitere Einfälle, die Ihnen erst zu einem späteren Zeitpunkt kommen.
- **Setzen Sie Markierungen**
  Kreisen Sie auf Ihren Notizbuchseiten immer wieder Wörter ein, die Sie als besonders wichtig erachten. Wahlweise können Sie diese auch unterstreichen oder farblich hervorheben. Noch ein Tipp: Seien Sie dabei eher zurückhaltend, denn Sie werden Ihre Schlagworte beim späteren Durchblättern schneller wiederfinden, wenn Sie nicht zu viele Wörter markiert haben.
- **Werfen Sie Ihr Notizbuch nie weg**
  Auch wenn es zunächst überraschend klingen mag: Ein Notizbuch ist immer auch ein Tagebuch. Es zeigt Ihnen, was Sie zu einem bestimmten Zeitpunkt in Ihrem Leben beschäftigt hat und erinnert Sie an ganz bestimmte Details. Das Durchstöbern alter Notizbücher kann daher sehr viel Spaß machen. Sie schmunzeln über alte Gedanken, freuen sich über Einfälle und werden vielleicht sogar von Altem neu inspiriert.

3. Nutzen Sie die Kraft der Bilder

Ergänzen Sie Ihre handschriftlichen Gedanken, Beobachtungen und Ideen in Ihrem neu angelegten Notizbuch regelmäßig mit selbst gezeichneten Bildern und Skizzen. »Aber ich kann doch gar nicht zeichnen!«, werden Sie sich jetzt vielleicht denken. »Können Sie wohl!«. Das sagt übrigens auch die amerikanische Kunstprofessorin Betty Edwards, die durch ihre Bücher und Zeichenkurse weltbekannt wurde. Sie vertritt die Meinung, dass jeder, der seine Unterschrift schreiben kann, auch zeichnen kann. Leider nehmen wir viel zu oft an, nur zeichnen zu dürfen, wenn dabei ein perfektes Ergebnis à la Leonardo herauskommt. Diese falsche Annahme müssen Sie jedoch über Bord werfen, wenn Sie die Kraft der Bilder für sich nutzen wollen. Denn beim Visualisieren geht es nicht darum, die Wirklichkeit so exakt wie möglich abzubilden, sondern bestimmte Zusammenhänge zu sehen und diese für sich sichtbar zu machen. Dafür reichen meist schon simple Skizzen oder Strichmännchen, die wirklich jeder von uns zeichnen kann. Sie müssen sich einfach nur trauen!

4. Machen Sie schnelle Skizzen

Mit dieser wunderbaren Übung von Betty Edwards[38] können Sie sich in sehr kurzer Zeit von Ihrem vorhandenen Zeichentalent überzeugen.

- Nehmen Sie 15 DIN-A4-Blätter (abgezählt) und einen Filzstift.
- Besorgen Sie sich eine Stoppuhr (oder eine Eieruhr) und stellen Sie sie auf eine Minute ein.
- Legen Sie eine Zeitschrift oder ein Buch mit vielen Abbildungen über oder neben Ihren Papierstapel. Schlagen Sie irgendeine Seite auf – egal wo, es muss nur mindestens ein Bild auf der Seite sein.
- Das Bild, auf das Ihr Blick fällt, nehmen Sie als Motiv für Ihre Skizze.
- Starten Sie die Stoppuhr und zeichnen Sie zuallererst ganz schnell einen Rahmen, der zur Form Ihres Bildes passt.

- Zeichnen Sie nun, was Sie sehen. Es ist wichtig, dass Sie schnell zeichnen, fast schon kritzeln, und den Stift niemals zur Ruhe kommen lassen. Halten Sie sich nicht mit Details wie Gesichtszügen auf – dafür haben Sie keine Zeit. Wenn die Minute um ist, hören Sie auf.
- Stellen Sie wieder den Wecker. Betrachten Sie ein anderes Bild, versehen Sie ein neues Blatt Papier mit einem Rahmen entsprechend der Vorlage und zeichnen Sie, was Sie sehen – eine Minute lang. Weiter geht es mit der dritten Skizze, der vierten ... 15 Zeichnungen in 15 Minuten.
- Wenn Sie fertig sind, sehen Sie Ihre Zeichnungen durch und vermeiden Sie möglichst jede kritische Stellungnahme. Sie werden sicher überrascht sein, wie ausdruckstark einige Ihrer »Blitzskizzen« sind.
- Suchen Sie nun die Zeichnungen aus, die Ihnen am besten gefallen, und hängen Sie sie an eine gut sichtbare Stelle an die Wand. Vertrauen Sie dabei ganz Ihrem Bauchgefühl! Die besten Zeichnungen sind die, die Ihnen am besten gefallen.

Als ich diese Übung zum allerersten Mal machte, stieß ich beim Durchblättern einer Zeitschrift auf ein Bild von Leonardos Erzfeind Michelangelo. Das Ergebnis meiner 60-Sekunden-Zeichnung können Sie hier bewundern. ☺

Abbildung 8: Porträt Michelangelos (1540) und eigene Skizze

5. Besuchen Sie einen Zeichenkurs

Sollten Sie trotz meiner Ermutigungen immer noch an Ihrem Zeichentalent zweifeln und sich nicht trauen, einfach mal drauflos zu zeichnen, dann absolvieren Sie doch einen Zeichenkurs. Die schnellen Fortschritte, die Sie dort machen, werden Sie dazu ermutigen, weiter am Ball bzw. Stift zu bleiben. Alternativ oder ergänzend können Sie auch einen Visualisierungsworkshop besuchen.

6. Führen Sie auch ein digitales Notizbuch

Finden Sie es zu »oldschool«, ausschließlich ein klassisches Notizbuch zu führen? Dann wäre mein Vorschlag, sich neben Ihrem »analogen« auch ein digitales Notizbuch zuzulegen (zum Beispiel auf Ihrem Smartphone). Der Vorteil daran ist, dass Sie je nach Situation und Anlass entscheiden können, welches Ihrer Notizbücher Sie gerade nutzen möchten. So könnten Sie in digitalen Notizen-Apps wie *Evernote* oder *OneNote* auf Ihrem Smartphone beispielsweise spontane Ideen und Eindrücke in der Fußgängerzone festhalten und bei Bedarf gleich noch ein Foto oder Video machen. Wenn Sie anschließend in einem gemütlichen Café sitzen, übertragen Sie die Ideen in Ihr klassisches Notizbuch und arbeiten bei einem Cappuccino daran weiter.

Mein Tipp: Experimentieren Sie einfach! Sie werden dann sehr schnell herausfinden, wie Sie die Vorzüge der beiden Notizbuchtypen optimal für Ihre Zwecke nutzen können.

3.4 Verbinde das Unverbundene!

Beobachte das Schwimmen der Fische im Wasser,
und Du wirst den Flug des Vogels durch die Luft begreifen.[39]

Als Leonardo die obige Anmerkung in eines seiner Notizbücher schrieb, beschäftigte er sich wieder einmal intensiv mit dem Fliegen – einem Thema, das ihn seit seiner Kindheit faszinierte und zur Erfindung zahlreicher Flugmaschinen inspirierte. Im Rahmen seiner Forschungen stellte sich Leonardo unter anderem die Frage, welchen Einfluss die Strömung der Luft auf den Flug der Vögel hat. Um das herauszufinden, studierte er nicht nur intensiv das Flugverhalten und die Anatomie der Vögel, sondern suchte auch in anderen Bereichen der Natur nach Antworten. So hoffte er, durch die Beobachtung von schwimmenden Fischen in starken Wasserströmungen auf entscheidende Hinweise zum Verständnis des Vogelflugs zu stoßen.

Dass es Leonardo mit diesem ungewöhnlichen Vorhaben ernst meinte, macht eine andere Notizbuchpassage deutlich. Dort schreibt er: »Es gibt einen guten Platz bei der Einmündung der Mühlengräben in den Arno, bei den Wasserfällen am Ponte Rubaconte.«[40] Bei den »Wasserfällen« handelt es sich um Wehre, die auch heute noch in Florenz zu finden sind. Sie liegen an der Brücke Ponte alle Grazie, die zu Leonardos Zeiten noch Ponte Rubaconte hieß. Leonardo hatte also bereits den richtigen Ort für seine Forschungen ausfindig gemacht und mit ein wenig Fantasie können wir ihn uns dort wunderbar bei seiner Arbeit vorstellen: An einem sonnigen Tag im Fluss stehend beobachtet er die Fische, um Antworten auf Fragen der Aerodynamik zu finden. Mit voller Hingabe geht er seiner Idee nach, egal wie abwegig sie zunächst erscheinen mag.

Leonardos Plan, durch die Bewegungen von Fischen das Wesen des Vogelflugs zu verstehen, kommt uns vielleicht auch heute noch etwas abstrus vor. Dennoch landete er mit seiner Vermutung einen wissenschaftlichen Volltreffer. Denn tatsächlich ist es so, dass sowohl Wasser- als auch Luftströmungen den gleichen mathematischen Gesetzen gehorchen. Bewiesen wurde dies allerdings erst im 18. Jahrhundert durch den bekannten Mathematiker und Physiker Daniel Bernoulli[41]. Zudem ähneln sich die Prinzipien des Antriebs beziehungsweise Auftriebs bei Fischen und Vögeln. Während ein Fisch durch das Schlagen der Schwanzflosse wechselweise einen Über- und Unterdruck erzeugt und sich auf diese Weise fortbewegt, sind es bei den Vögeln der Unterdruck auf der Oberseite und der Überdruck an der Unterseite der Flügel, die für den Auftrieb sorgen. Leonardos Fischbeobachtungen waren also in keiner Weise verrückt oder abstrus, sondern folgten einem sehr vielversprechenden Ansatz. Darüber hinaus offenbaren sie uns zwei seiner absoluten Stärken: seine Fähigkeit, technische Lösungen nach dem Vorbild der Natur zu entwickeln, und sein Talent, eine Verbindung zwischen Dingen herzustellen, die auf den ersten Blick gar keine Gemeinsamkeiten zu haben scheinen. Die Kombination dieser Fähigkeiten verhalf Leonardo zu zahlreichen genialen Einfällen, Erkenntnissen und Erfindungen.

Die Natur als wertvolle Ideengeberin zu nutzen, mag aus heutiger Sicht nicht außergewöhnlich klingen, schließlich verdanken wir dem Vorgehen, natürliche Lösungen auf technische Sachverhalte zu übertragen – wir nennen diese Disziplin heute Bionik – Erfindungen wie den Tarnanzug, das Marsmobil oder den Klettverschluss. Es gibt mittlerweile ganze Forschungszweige, die sich ausschließlich mit solchen Themen befassen. Zu Leonardos Zeiten war ein derartiges Vorgehen jedoch revolutionär. Denn die Vorstellung, die Natur zu erforschen, war den Menschen des Mittelalters völlig fremd. Niemand wäre auf die Idee gekommen, eine Landschaft, einen Fluss oder eine Pflanze »faszinierend« zu finden. Ein Getreidehalm war lebenswichtig, eine Mohnblume Unkraut oder bestenfalls ein Symbol für die Passion Christi.[42] Der Begriff »Naturwissenschaften«, wie wir ihn heute kennen, existierte schlichtweg nicht und etablierte sich erst im 17. Jahrhundert. Leute, die sich zu Leonardos Zeiten mit Themen wie Zoologie, Botanik oder Geologie beschäftigten, bezeichnete man als Philosophen.

Philosophische Überlegungen spielten bei Leonardos Naturbeobachtungen jedoch allenfalls eine untergeordnete Rolle. Ihm ging es vor allem um das Lösen praktischer Probleme nach dem Vorbild der Natur. So gelten seine Versuche, den Flug der Vögel auf Maschinen zu übertragen, als Geburtsstunde der modernen Bionik. Niemand vor ihm hatte sich in dieser Tiefe und Detailtreue mit dem Übertragen von Naturphänomenen auf technische Fragestellungen beschäftigt.

Seine große Bewunderung für die Natur brachte Leonardo auch durch den Namen seiner Flugmaschinen zum Ausdruck, die er, ihren gefiederten Vorbildern folgend, »uccelli« (dt. *Vögel*) taufte. Und in seinen Notizbüchern schreibt er, dass es für ihn keine bessere Ideenquelle als die Natur gebe: »Auch wenn der menschliche Geist […] die verschiedensten Erfindungen hervorbringt, so wird er doch nie eine Erfindung ersinnen, die schöner, einfacher oder kürzer wäre als die Natur, weil bei ihren Erfindungen nichts fehlt und nichts überflüssig ist.«[43]

Das aufmerksame Beobachten seiner Umwelt war für Leonardo dennoch nur der erste Schritt auf dem Weg zu neuen Ideen und Einfällen. Hinzu kam seine Fähigkeit, diese Beobachtungen in einem zweiten Schritt spielerisch miteinander zu kombinieren und in völlig neue Kontexte zu übertragen. So konnte für ihn jede Sache, mit der er sich gerade beschäftigte, zu einer nützlichen Analogie für etwas anderes werden.

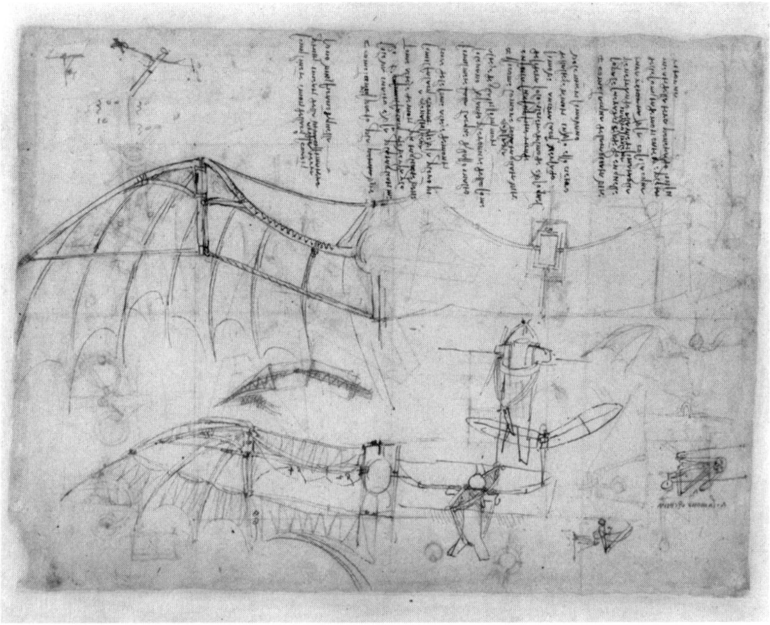

Abbildung 9: Skizzen mechanischer Flügel, 1487–1490

In der Disziplin des »Querdenkens« war Leonardo ein Meister. Beispielsweise gelang es ihm, die Ausbreitung des Schalls in der Luft durch Wellen im Wasser, die Funktion des Auges mithilfe einer gläsernen Schüssel und die Aufgabe der Herzklappen mithilfe von Schleusentoren zu erklären.

Viele Passagen seiner Notizbücher zeigen, wie unbefangen Leonardo in seinem Denken war. Überall stößt man darin auf Seiten, auf denen die unterschiedlichsten Themen gleichberechtigt nebeneinanderstehen. Auf einem berühmten Blatt aus dem Codex Windsor[44] stehen neben geometrischen Aufzeichnungen auch Pflanzenstudien, das Bild einer Locke samt Haarfärberezept, die Profilstudie eines älteren Mannes, der mit einem kleinen Baum verwachsen ist, und die Skizze eines sich aufbäumenden Pferds samt Reiter.

Abbildung 10: Notizbuchseite mit Studien, 1490

Diese ungewöhnlichen Kombinationen mögen auf den ersten Blick sinnlos und unstrukturiert erscheinen. Für einen Mann wie Leonardo, der nicht linear und systematisch, sondern assoziativ und in Analogien dachte, sind sie Ausdruck eines grenzenlosen Geistes, der immer alle Möglichkeiten in Betracht zog, ohne sie vorschnell zu verwerfen. In genau dieser Art zu denken liegt einer der wichtigsten Schlüssel zu Leonardos außergewöhnlichen Ideen und Erfindungen.

Kühne Kombinationen

Unverbundenes miteinander verbinden zu können, ist auch das Geheimnis anderer großer Erfinder. So haben wir die Erfindung der Druckerpresse im 15. Jahrhundert dem besonderen Kombinationstalent von Johannes Gutenberg zu verdanken. Wie es heißt, beobachtete Gutenberg bei einer Weinlese Winzer beim Traubenpressen. Dabei sei ihm die Idee gekommen, die große Oberfläche der Traubenpresse mit der Funktionsweise eines Münzprägestempels zu verknüpfen – die Geburtsstunde des modernen Buchdrucks mit beweglichen Lettern[45]. Ein weiteres Beispiel ist die Entwicklung der Dampfmaschine. Jahrhundertelang beobachteten Menschen, wie der Dampf des Teekessels als »Abfallprodukt« des Wasserkochens in die Luft entwich. Erst im 17. Jahrhundert erkannte der Franzose Denis Papin die Möglichkeit, diesen Dampf als Arbeitsenergie zu nutzen, und erfand die erste – wenn auch noch nicht perfekt funktionierende – Dampfmaschine.[46]

Wie bei Leonardo zeigen auch diese Beispiele, dass wirklich innovative Einsichten und Lösungen nur entstehen können, wenn bereits vorhandenes Wissen in einer neuen und überraschenden Weise kombiniert wird. Der Philosoph und Schriftsteller Arthur Koestler entwickelte für diese Art des Denkens, die er als das Wesen des schöpferischen Akts bezeichnete, den Begriff der »Bisoziation«. Dazu erklärt er, dass er den Begriff gewählt habe, um ihn von der Assoziation auf bekannten Wegen abzugrenzen. »Bisoziation bedeutet einen plötzlichen Sprung der schöpferischen Phantasie, der zwei bis dahin unverbundene Ideen in einer neuen Synthese verbindet.«[47]

Folgt man der Definition Koestlers, könnte man die Bisoziation auch als Kreativität auf einer höheren Stufe bezeichnen. Denn im Gegensatz zum Assoziieren mit der typischen Frage »Was fällt mir/Ihnen zum Thema XY ein?«, geht es bei der Bisoziation gerade nicht darum, naheliegende Assoziationen zu finden, sondern darum, außergewöhnliche Analogien für ein ganz bestimmtes Ausgangsproblem zu entdecken.

Warum Brainstorming nicht innovativer macht

Ob in Unternehmen, in der Schule oder in anderen Einrichtungen – fast überall werden »neue« Ideen seit Jahrzehnten mithilfe von Brainstorming entwickelt. Das ist an sich nichts Schlechtes. Eine Brainstorming-Session eignet sich gut, um eine Vielzahl erster Ideen zu sammeln. Allerdings wird sich bei genauerem Hinsehen wahrscheinlich keine dieser Ideen als innovativ erweisen. Der Grund hierfür liegt im Wesen des Brainstormings, bei dem wir ausschließlich mit assoziativem Denken arbeiten. Das bedeutet, dass wir während einer Brainstorming-Session unser Gehirn immer nach Ideen absuchen, die wir bereits als Wissen oder Erfahrung abgespeichert haben. Uns kann also während eines Brainstormings nichts einfallen, was nicht schon in unseren neuronalen Netzen vorhanden wäre. Beim assoziativen Denken bewegen wir uns immer auf bereits bekanntem Terrain.

In Bezug auf das Auffinden wirklich innovativer Ideen während eines Brainstormings kommen erschwerend noch zwei Phänomene hinzu, die sich »hypothesenkonforme Wahrnehmung« und »positive Teststrategie« nennen. Beide Begriffe stammen aus der Psychologie und besagen Folgendes: Wir finden Assoziationen anderer Teilnehmer, die sich mit unseren eigenen Vorstellungen von einer »guten« Idee decken, ganz besonders toll (Ganz nach dem Motto: »Find' ich gut, was der Meier sagt. Hätte auch von mir sein können.«) und nutzen diese darüber hinaus als positive Bestätigung unseres eigenen Standpunkts (Nach dem Motto: »Sag ich doch!«). Auch wenn es sich hierbei um sehr menschliche Verhaltensmuster handelt, haben sie das Potenzial, jedes noch so gut gemeinte Brainstorming zu torpedieren. Denn häufig stehen am Ende einer Brainstorming-Session eben nicht die innovativsten Ideen, sondern die Ergebnisse, mit denen sich alle Beteiligten am wohlsten fühlen oder die auf dem breitesten Konsens beruhen.

Wenn wir auf der Suche nach wirklich außergewöhnlichen und innovativen Ideen sind, kann ein Brainstorming also immer nur ein erster Schritt sein, um herauszufinden, was wir bereits wissen. In einem zweiten Schritt muss es darum gehen, nicht mehr nur assoziativ, sondern bisoziativ zu denken, also Gedanken spielerisch miteinander zu kombinieren und sie bewusst »irrlichtern« zu lassen. Je mehr vermeintliche Spielregeln wir dabei verletzen oder außer Kraft setzen, desto besser. Gemäß dem Leitsatz »Alles ist erlaubt« geht es darum, Gedanken oder Ideen zu verbinden, die normalerweise nicht verbunden worden wären. Denn nur so können Ideen entstehen, die tatsächlich überraschend und neu sind.

Die derzeit innovativsten Unternehmen der Welt machen sich bisoziatives Denken übrigens schon lange zunutze. So dürfen sich Mitarbeiter von Google an einem Tag ihrer Arbeitswoche ganz bewusst Themen widmen, die mit ihrem eigentlichen Aufgabengebiet nichts zu tun haben. Auch das weltweit bekannte Animationsstudio Pixar bietet seinen Mitarbeitern die Möglichkeit, sich während der Arbeitszeit in Bereichen wie Bildhauerei, Schauspiel oder Ballett weiterzubilden – Themen, die meistens nichts mit der eigentlichen Aufgabe des jeweiligen Mitarbeiters zu tun haben[48]. Das Ziel, das beide Unternehmen damit verfolgen: Sie möchten – ganz im Geiste Leonardos – ihre Mitarbeiter dazu animieren, eingefahrene Denkroutinen zu durchbrechen und sich dem Neuen, Unbekannten zu öffnen.

Breiter denken – weiter denken

All diese Beispiele zeigen, dass es im kreativen Prozess und beim Schaffen von Innovationen nicht darum geht, sich möglichst angestrengt in eine Sache zu vertiefen. Es geht darum, möglichst breit zu denken. Leonardo hätte all seine genialen Ideen niemals entwickeln können, wenn er ein penibler Spezialist gewesen wäre, der sich auf nur ein Fachgebiet konzentriert. Für einen kreativen Menschen ist es wichtig, immer wieder über den eigenen Tellerrand hinauszuschauen und sich viele unterschiedliche Wissensgebiete zu erschließen. Denn die Chancen, innovative Lösungen oder Verbindungen zu entdecken, erhöhen sich signifikant mit der Anzahl der Gebiete, in denen wir Wissen aufbauen. Dabei steigt die Zahl der Lösungsmöglichkeiten exponentiell mit den Kombinationsmöglichkeiten einzelner Wissensfragmente aus allen verfügbaren Wissensgebieten.

Die Welt ist also voll von ungeahnten Lösungen und Verbindungen. Wir müssen diese Verbindungen nur entdecken und wie Leonardo für uns zu nutzen wissen.

Ihr Coaching-Kompass

Bewerten Sie Ihre Fähigkeiten auf einer Skala von 1 bis 10:

2019

Sind Sie ein guter »Querdenker«?

1 2 3 4 5 6 7 8 9 10

Aufgaben und Übungen

1. Halten Sie Ihr Denken offen

Innovative Menschen haben drei Erfolgsgeheimnisse, die auch Sie sich zu eigen machen können:

- **Breit gefächerte Interessen und Erfahrungen**
  Entwickeln Sie möglichst breit gefächerte Interessen und sammeln Sie Erfahrungen. Je mehr von dem, was Sie lesen, beobachten und erleben, aus Ihrer Erinnerung abrufbar ist, desto mehr Material hat Ihr Verstand zur Verfügung, wenn er nach neuen, ungewöhnlichen Kombinationen sucht.
- **Ungewöhnliche Ideen**
  Geben Sie auch ungewöhnlichen Ideen Raum zum Wachsen und verwerfen Sie sie nicht gleich. Innovative Ideen gedeihen am besten bei jenen Menschen, die ihren inneren Kritiker im richtigen Moment zum Schweigen bringen.
- **Introspektion**
  Beobachten Sie Ihre Denkgewohnheiten. Greifen Sie immer wieder auf die gleichen Lösungsmuster zurück? Verwerfen Sie vorschnell Ideen, die nicht der Norm entsprechen? Nur wenn Sie Ihre Denkroutinen (er-)kennen, können Sie sie auch verändern.

2. Werden Sie Zeitschriftendetektiv

Gehen Sie zum größten Zeitungskiosk in Ihrer Nähe und stöbern Sie dort 30 Minuten. Kaufen Sie am Ende mindestens drei Zeitschriften oder Magazine, die Sie vorher noch nie gelesen haben und unter normalen Umständen auch nicht kaufen würden. (Tipp am Rande: Lassen Sie sich auf dem Heimweg schon einmal ein paar gute Antworten auf mögliche Fragen Ihrer Partnerin/Ihres Partners oder Ihrer Kinder einfallen, wenn Sie mit der aktuellen Bravo, einer Strickzeitschrift oder einem Tattoo-

Magazin nach Hause kommen sollten.) Blättern Sie die Zeitschriften zu Hause aufmerksam durch. Sie müssen nicht jede Seite lesen. Verschaffen Sie sich einfach einen Überblick und entwickeln Sie ein Gefühl für die speziellen Inhalte der Zeitschrift. Listen Sie dabei alle Sätze, Bilder oder Begriffe auf, die Ihnen ins Auge fallen, aber nichts mit Ihrem aktuellen Problem, Ihrer Frage oder Ihrem Leben zu tun haben. Am Ende sollten Sie eine Liste von mindestens zehn interessanten Entdeckungen zusammen haben. Stellen Sie nun eine Verbindung zwischen Ihrer Frage oder Ihrem Ausgangsproblem und einem beliebigen Eintrag Ihrer Liste her, um auf neue und außergewöhnliche Ideen zu kommen.

Beispiel: Angenommen, Sie sind selbstständig und überlegen, wie Sie mehr Kunden gewinnen können. Von Ihrem Kioskausflug haben Sie unter anderem eine Heimwerker-Zeitschrift mitgebracht und waren von einer ganz bestimmten Werkbank darin besonders fasziniert. Sie überlegen, was die besonderen Merkmale dieser Werkbank sind und wie sie Ihnen bei der Lösung Ihrer Ausgangsfrage weiterhelfen könnten. Dabei fällt Ihnen auf, dass die Werkbank ein spezielles Ordnungssystem hat, bei dem alles an seinem Platz ist, und dass man die Werkbank bei Bedarf jederzeit erweitern kann. Diese Beobachtungen übertragen Sie auf Ihre Kundengewinnung. Dabei stellen Sie fest, dass Ihr eigenes Leistungsangebot viel zu unstrukturiert ist. Sie entscheiden sich daraufhin, Ihr Angebot zu verbessern, indem Sie Ihren Kunden klar aufeinander abgestimmte Leistungspakete anbieten, die diese je nach Bedarf (dazu-)kaufen können.

3. Greifen Sie zur Lösung

Sollten Sie für einen Kioskausflug keine Zeit haben, können Sie auch mit der folgenden Übung sehr schnell auf tolle Ideen kommen. Schließen Sie dazu einfach die Augen und nehmen Sie aus Ihrer Handtasche, Ihrer Jackentasche, dem Handschuhfach, Ihrer Einkaufstüte usw. einen beliebigen Gegenstand heraus. Betrachten Sie ihn und fragen Sie sich: »Worin liegen die Ähnlichkeiten zwischen dem Artikel und meiner Frage/meinem Problem, die/das mich gerade beschäftigt? Welche offensichtlichen und weniger offensichtlichen Verbindungen kann ich herstellen? Welche Merkmale des Gegenstands könnten mir hilfreiche Ideen oder Anregungen liefern?« Mit dieser einfachen Übung trainieren Sie ganz gezielt Ihre Querdenker-Fähigkeiten, da Sie Ihnen hilft, breiter zu denken und sich von der Ausgangsfrage zu lösen.

4. Betreiben Sie Link-Surfing

Die Sprache des Internets ist der sogenannte Hypertext. Viele Da-Vinci-Forscher vertreten die Auffassung, dass Leonardos Notizbücher wegen ihrer netzartigen Struktur nichts anderes sind als ein erster riesiger Hypertext. War Leonardo also auch diesbezüglich seiner Zeit weit voraus? Angelehnt an diese Frage geht es bei der nachfolgenden Übung um das Internet. Sie heißt Link-Surfen.

Zum Link-Surfen brauchen Sie weder ein Surfbrett noch Wasser, nur einen Computer und eine funktionierende Internetverbindung. Gehen Sie folgendermaßen vor: Tippen Sie ein beliebiges Wort in eine Online-Suchmaschine ein und starten Sie die Suche. Klicken Sie anschließend auf einen der angezeigten Treffer-Links und surfen Sie zu der entsprechenden Seite. Überfliegen Sie sie. Abschnitte oder Bilder, die Sie spannend finden, können Sie dabei natürlich auch ausführlicher anschauen. Suchen Sie anschließend einen weiterführenden Link auf dieser Seite, und klicken Sie darauf. Wiederholen Sie diesen Vorgang bis zu zehn Mal und surfen Sie von Seite zu Seite. Denken Sie am Ende Ihres Surf-Trips darüber nach, was Sie Neues gelernt haben, wo Sie »abgesprungen« und am Ende gelandet sind. Welche Dinge haben Sie erfahren, die Ihnen ansonsten entgangen wären? Welche ungewöhnlichen Verbindungen haben Sie entdeckt?

5. Erstellen Sie eine Edge-Map©

Eine Edge-Map© ist eine von mir entwickelte Erweiterung der klassischen Mind-Map, um innovative Ideen zu generieren. Erstellen Sie zunächst eine ganz gewöhnliche Mind-Map, indem Sie ein weißes, unliniertes Blatt Papier nehmen und es quer vor sich legen. Schreiben Sie das Thema/Problem, das Sie gerade beschäftigt, in eine Box in der Mitte des Blattes. Sammeln Sie anschließend alle Schlüsselwörter, die Ihnen zu diesem Thema einfallen und verbinden Sie die Wörter durch dicke Äste mit der Themenbox. Ihre Schlüsselwörter dienen nun wiederum als Ansatzpunkte für weitere Wörter, die Ihnen einfallen. Schließen Sie diese einfach wieder mit Ästen an die dazugehörigen Schlüsselwörter an. Wiederholen Sie diesen Vorgang für jedes neue Wort, das Ihnen zu Ihren bereits vorhandenen Begriffen einfällt, und lassen Sie Ihre Mind-Map auf diese Weise um weitere Gedankenebenen wachsen, indem Sie so frei wie möglich assoziieren.

Eine Mind-Map zum Thema »Kundenpflege« könnte folgendermaßen aussehen:

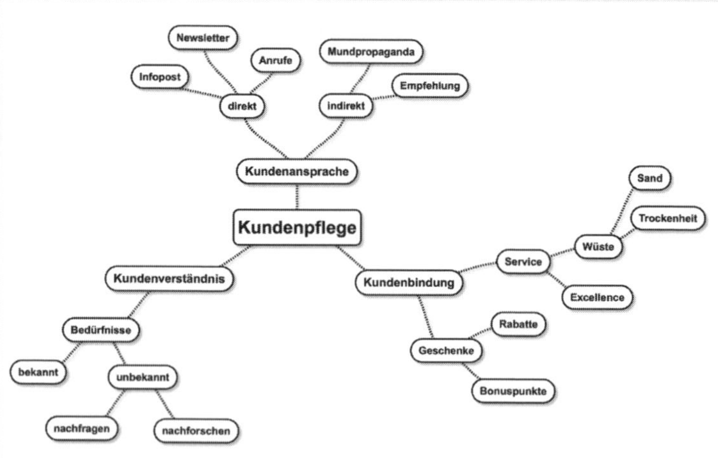

Abbildung 11: Klassische Mind-Map zum Thema »Kundenpflege«

In einem zweiten Schritt können Sie Ihre klassische Mind-Map ganz schnell zur Edge-Map© weiterentwickeln. Ziehen Sie dafür einfach Verbindungslinien von den am weitesten entfernten Wörtern bzw. Begriffen am Rand Ihrer Mind-Map zum Hauptthema in der Mitte.

Abbildung 12: Erweiterung der Mind-Map zur Edge-Map©

Stellen Sie sich anschließend zu jeder dieser Verbindungslinien folgende Frage: »Welche hilfreichen Ideen oder Anregungen kann mir das ›Rand-Wort‹ für mein Ausgangsthema liefern?« Notieren Sie sich Ihre Gedanken und Einfälle dazu in Listenform.

Beispiel: Ihre Wahl ist zunächst auf das entfernte Wort »Sand« gefallen. Um auf Ideen zu kommen, wie Sie in Ihrem Unternehmen die Kundenbeziehungen verbessern können, schreiben Sie alle Gedanken, Gefühle oder Merkmale auf, die Ihnen beim Wort »Sand« in den Sinn kommen. Als Sie die Einfälle mit Ihrer Aufgabenstellung in Verbindung bringen, kommen Sie auf folgende Ideen:

- Sand besteht aus vielen kleinen Körnern. Idee: Wir müssen unsere Kunden so vielfältig und individuell wie möglich ansprechen.
- Sand ist beweglich und flexibel. Idee: Unser Kundenservice muss agiler werden, um Kundenanfragen schneller beantworten zu können.
- Im Meeressand finden Archäologen oft Schätze. Idee: Wir gründen einen VIP-Kundenclub, der besonderen Kunden wertvolle Vorteile bietet.

Wie Sie sicher gemerkt haben, hat die Edge-Map© im Gegensatz zur klassischen Mind-Map den Vorteil, dass Sie nicht einfach nur Assoziationen sammeln und visuell darstellen, sondern direkt mit den Ergebnissen weiterarbeiten. Hierfür nutzen Sie ganz gezielt die Begriffe am Rand Ihrer Gedankenlandkarte. Dadurch, dass Sie nicht mit den naheliegenden Assoziationen in unmittelbarer Nähe der Themenbox arbeiten, erhöhen Sie die Wahrscheinlichkeit, auf kreativere Lösungen zu kommen.

3.5 Fühle, was andere fühlen!

Wenn du die wunderbaren Werke der Natur gesehen hast, und du es eine abscheuliche Tat findest, sie zu zerstören, dann überlege dir, wie unendlich abscheulich es ist, einem Menschen sein Leben zu nehmen.[49]

Trotz vieler neuer Studien und Erkenntnisse ist unsere Wahrnehmung Leonardos heute immer noch von vielen falschen Vorstellungen geprägt. Zu ihnen gehört der Mythos, Leonardo sei Zeit seines Lebens ein egoistischer Eigenbrötler gewesen, der nur im Geheimen forschte und die Ergebnisse seiner Studien mit niemanden teilen wollte. Jeder, der sich ausführlicher mit Leonardos Leben und Werk befasst, wird jedoch feststellen, dass es sich hierbei um eine sehr beschränkte Sichtweise handelt, die seiner vielschichtigen Persönlichkeit keinesfalls gerecht wird. Denn es gibt auch eine andere Seite des Universalgenies, die leider allzu oft ignoriert oder kleingeredet wird: Leonardos empathische und gefühlvolle Seite.

Auf die Tatsache, dass Leonardo nicht der kalte, rationale Wissenschaftler war, den heute immer noch viele in ihm sehen, sondern ein sehr offener und freundlicher Zeitgenosse, wies bereits Giorgio Vasari hin. In seiner im 16. Jahrhundert erschienenen Biografie schreibt er: »Leonardo war sehr großherzig und in allen seinen Taten äußerst freigiebig.«[50] Dass dieser Satz nicht nur eine wohlgemeinte Phrase ist, sondern eine ganz zentrale Lebenseinstellung Leonardos zum Ausdruck bringt, wird durch zahlreiche andere Geschichten, Augenzeugenberichte und Tagebuchaufzeichnungen deutlich. Sie zeigen uns einen Mann, der trotz seiner hohen Ambitionen und Ziele immer auch das Wohl der Menschen und aller Lebewesen im Sinn hatte.

So gilt es beispielsweise als sicher, dass sich Leonardo in seinem späteren Leben rein vegetarisch ernährte. Ein Zeitzeugenbericht des italienischen Forschers Andrea Corsali bestätigt diese Ernährungsweise Leonardos und dessen besondere Haltung gegenüber Tieren. In einem Reisebrief beschrieb Corsali 1516 die in Indien lebenden Gujarati als ein »sanftmütiges Volk [...], das nichts isst, was Blut enthält, und auch ansonsten nicht zulässt, dass jemand ein Lebewesen verletzt, ganz wie unser Leonardo da Vinci«.[51] In einem Zeitalter, in dem der Vegetarismus noch viele Hundert Jahre davon entfernt war, etwas Alltägliches zu werden, verzichtete Leonardo bewusst auf Fleisch, um auf diese Weise sein tief empfundenes Mitgefühl gegenüber Tieren auszudrücken.

Leonardos ausgeprägte Tierliebe entwickelte sich bereits während seiner Kindheit im idyllischen Vinci und war auch später eine feste Konstante in seinem Leben. Wie Vasari schreibt, hielt er sich »vor allem Pferde«[52] und sehr wahrscheinlich auch Hunde, Katzen und andere Tiere. Schon früh studierte er mit großer Faszination das Verhalten der unterschiedlichsten Tiere und stellte Vergleiche zwischen ihnen und dem Menschen an. In einer Zeit, in der Tiere lediglich als Nahrungslieferanten galten, beschrieb Leonardo darüber hinaus ihre Rolle im Kreislauf des Lebens und wies ihnen einen hohen Rang in der Hierarchie der Lebewesen zu.

Abbildung 13: Pferdestudien mit Gegenüberstellung eines Pferde-, Löwen- und Menschenkopfes, 1503–1504

Leonardos Empathie beschränkte sich aber nicht nur auf die Welt der Tiere. Auch das Wohl der Menschen lag ihm mehr am Herzen, als wir heute allgemein glauben. So verabscheute er beispielsweise jede Form von Gewalt und bezeichnete den Krieg als »pazzia bestialissima« (dt. *bestialischen Wahnsinn*). Die Tatsache, dass Leonardo selbst zahlreiche Kriegsmaschinen entwarf, dürfen wir dabei nicht allzu kritisch sehen, denn zu seiner Zeit gehörte der Krieg zum Lebensalltag.

Mit fast 7.000 Revolutionen, Revolten und Auseinandersetzungen zählt die Renaissance zu den blutigsten Epochen der Geschichte, in der der Krieg als eine überlebenswichtige Kunst galt. Fähige Militäringenieure standen bei den Herrschern der Renaissance daher immer hoch im Kurs. Leonardo wusste das, und obwohl er ein für seine Zeit bereits sehr unabhängiger Künstler war, war ihm klar, dass er seine Talente manchmal auch »prostituieren« musste, um die Aufmerksamkeit potenzieller Gönner zu wecken.

Dass sich Leonardo dabei aber nicht wirklich wohlfühlte, zeigt ein Notizbucheintrag aus dem Jahr 1500. Leonardo hielt sich zu dieser Zeit in Venedig auf, um dem Senat einige seiner Erfindungen für den Unterwasserkampf, beispielsweise einen Taucheranzug, vorzustellen. Zu einer Zusammenarbeit kam es allerdings nicht, was auch an Leonardos eigenen Bedenken lag, die er möglicherweise über seine Hoffnungen auf finanziellen Gewinn stellte. Er schreibt dazu, dass er seine Erfindungen nicht publik machen wolle, »wegen der Schlechtigkeit der Menschen, die sie ausnützen würden, um auf dem Meeresgrund zu morden, die Böden der Schiffe zu zerstören und diese mit Mann und Maus zu versenken.«[53] Die Bedeutung dieser kurzen Zeilen kann nicht hoch genug geschätzt werden, denn sie offenbaren uns einen Leonardo, der sich – als einer der ersten modernen Wissenschaftler überhaupt – Gedanken über die möglichen Konsequenzen seiner Erfindungen in den Händen anderer machte.

Revolutionäre Überlegungen dieser Art konnte Leonardo nur anstellen, weil er überdurchschnittliche empathische Fähigkeiten besaß, die er regelmäßig trainierte. Sie ermöglichten es ihm, sich in andere Menschen und Lebewesen hineinzuversetzen, die Welt aus deren Blickwinkel wahrzunehmen und bestimmte Zusammenhänge besser zu erkennen. Hinter diesem Einfühlungsvermögen und der Bereitschaft, andere verstehen zu wollen, verbirgt sich ein weiteres Erfolgsgeheimnis Leonardos.

Innovation beginnt mit Empathie

Würde man unterschiedliche Menschen nach der Quelle großartiger Innovationen fragen, würden die meisten wohl mit »Großartige Ideen!« antworten. Das ist allerdings nur die halbe Wahrheit, denn in Wirklichkeit haben Innovationen ihren Ursprung zunächst immer im Einfühlen und Hineindenken in ein ganz bestimmtes Ausgangsproblem. Denn bevor wir originelle Ideen sammeln können, müssen wir erst einmal erkennen und verstehen, worin das Problem besteht, für das wir eine Lösung suchen. Das gelingt uns, indem wir eine Begabung nutzen, die wir alle bereits in uns tragen: unsere Empathie. Damit ist unsere Bereitschaft und Fähigkeit gemeint, uns in andere einzufühlen, um deren Gedanken, Gefühle und Bedürfnisse verstehen und (nach-)empfinden zu können. Empathie ist die Basis für Verständnis, Solidarität und Hilfsbereitschaft und somit auch die Voraussetzung für ein positives Zusammenleben.

Beim Entwickeln innovativer Lösungen spielt die Empathie in zweierlei Hinsicht eine große Rolle: Zum einen sorgt sie dafür, dass wir trotz aller Gewohnheiten wache Sinne bewahren und dadurch bestimmte Probleme und Bedürfnisse erkennen, die weniger empathischen Menschen verborgen bleiben. Zum anderen – und das ist mindestens genauso wichtig – verstärkt die Empathie unseren Wunsch, für Probleme, die wir nicht nur für uns selbst, sondern zum Wohle anderer lösen wollen, die bestmögliche Lösung zu finden.

Eine weltweit populäre Innovationsmethode hat die herausragende Bedeutung der Empathie erkannt und zum Ausgangspunkt für kreative Problemlösungen gemacht. Die Rede ist von »Design Thinking«.[54] Hinter dem Begriff verbirgt sich ein modernes Konzept zur Lösung komplexer Problemstellungen. In einem iterativen Prozess[55] erarbeiten interdisziplinäre Teams innovative Lösungen, die immer auf die Bedürfnisse des Menschen ausgerichtet sind. Den

Ausgangspunkt der Methode bildet daher stets der Prozessschritt »Empathie aufbauen« (engl. *Empathize*). Ziel dieses Schrittes ist es, ungelöste Probleme oder unerfüllte Bedürfnisse von Kunden oder Menschen aus unserem Umfeld aufzuspüren, indem wir eine Verbindung zu ihnen aufbauen. Das geschieht allerdings nicht von unserem bequemen Schreibtisch aus, sondern, wie bei Leonardo, durch genaue Beobachtungen und persönliche Gespräche, in denen wir aktiv zuhören und gezielt Fragen stellen. Die daraus gewonnenen Erkenntnisse und Einsichten helfen uns anschließend zu definieren, was überhaupt unser Problem ist, für das wir eine Lösung suchen (engl. *Define*). Erst im dritten Prozessschritt geht es dann darum, außergewöhnliche Ideen zu generieren (engl. *Ideate*), aus denen wir die besten auswählen und zu einfachen Prototypen weiterentwickeln (engl. *Prototype*). Danach übergeben wir diese zu Testzwecken an potenzielle Kunden, um uns Feedback einzuholen (engl. *Test*).

Die gesammelten Rückmeldungen und Erfahrungen nutzen wir anschließend dazu, unseren Prototypen gezielt zu verfeinern oder – falls nötig – wieder zu verwerfen. Die einzelnen Schritte und Annahmen des Design-Thinking-Prozesses stimmen dabei fast perfekt mit Leonardos eigenem Schaffensprozess überein. Wir können Leonardo daher guten Gewissens als den ersten, wenn auch noch unbewussten, »Design Thinker« der Geschichte bezeichnen.

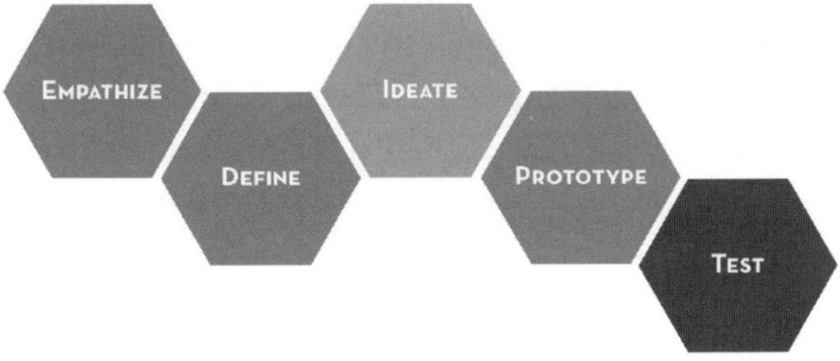

Abbildung 14: Design-Thinking-Prozess der d.school

Design Thinking folgt der einfachen, aber mächtigen Idee, dass wir unsere besten Seiten und Ideen immer dann zum Vorschein bringen, wenn wir über uns hinausdenken und etwas für andere tun. Diese Art des empathischen Denkens beflügelte auch Leonardo und verhalf ihm zu vielen großartigen Ideen. Dass heute immer noch viele Biografen Leonardos ausgeprägte empathische Fähigkeiten in Zweifel ziehen und ihn als gefühlsarmen Wissenschaftler darstellen, ist haltlos. Schon allein aufgrund seiner Rolle als freischaffender Künstler musste er über ein hohes Maß an Empathie verfügen, um die Launen und Wünsche seiner Mäzene und Auftraggeber richtig antizipieren, verstehen und umsetzen zu können. Auch seine Forschungen betrieb er, entgegen der allgemeinen Auffassung, nicht zum Selbstzweck, sondern legte immer einen starken Fokus auf die praktische Nutzbarkeit seiner technischen Erfindungen durch andere. »Meide das Studium«, schreibt Leonardo, »das einem Werk zur Geburt verhilft, das zur selben Zeit wie sein Arbeiter sterben muss.«[56] Es ging Leonardo also niemals um Originalität um jeden Preis, sondern darum, dass seine Erfindungen zukünftigen Generationen dienlich sind. Dazu passt auch die Tatsache, dass Leonardo immer die Absicht hatte, Teile seiner Studien zu veröffentlichen, um seine Ideen und Entdeckungen mit einer breiten Leserschaft zu teilen. So lobt er im Codex Atlanticus den Buchdruck als eine nützliche und wunderbare Erfindung und entwickelt sogar selbst ein rudimentäres, aber für seine Zeit revolutionäres Verfahren, wie man Grafiken und Schrift gleichzeitig reproduzieren kann. An einer anderen Stelle nimmt er sogar konkrete Berechnungen für die Druckkosten eines Buches vor. Von einer generellen Geheimhaltung seiner Arbeiten kann also keine Rede sein. Dass es Leonardo zu Lebzeiten trotzdem zu keiner einzigen Veröffentlichung brachte, lag vielmehr an seinem unbändigen Wirbelsturm an Interessen, seinen meterhohen Bergen von ungeordneten Notizen und seinem ausgeprägten Perfektionismus.

Die Macht des Mitgefühls

Wie wir am Beispiel Leonardos sehen können, ist unser Einfühlungsvermögen ein echtes Wunderwerkzeug. Es befähigt uns, wertvolle Verbindungen einzugehen, neue Ideen zu entwickeln und im Austausch mit anderen über uns selbst hinauszuwachsen. In unserem Alltag scheinen wir diese positiven Effekte der Empathie jedoch bewusst zu ignorieren oder vergessen zu haben. Anders ist es nicht zu erklären, dass wir, wie viele Studien zeigen, unsere empathischen Fähigkeiten seit Jahrzehnten konsequent verkümmern lassen.[57] Gerade in unserer globalisierten und digitalisierten Welt des 21. Jahrhunderts sollten wir unser empathisches Potenzial dringend wiederentdecken und weiterentwickeln.

Für viele mag das überraschend klingen, aber die Möglichkeit, uns über das Internet und die sozialen Netzwerke spielend leicht mit anderen Menschen auf der ganzen Welt zu vernetzen, hat in den letzten Jahren keine mitfühlenderen Menschen aus uns gemacht. Der Hauptgrund hierfür ist, dass das Internet ursprünglich nicht dafür entwickelt wurde, neben den reinen Fakten auch unsere große Bandbreite an Emotionen mitzuteilen. Gerade jedoch unsere Emotionen transportieren unglaublich viele offene und versteckte Informationen, die es uns überhaupt erst möglich machen, eine wirkliche Verbindung zu einem anderen Menschen aufzubauen. Die kleinen Emojis, die wir im Alltag so häufig dazu nutzen, um unsere Emotionen in unserer digitalen Welt zu teilen, sind dafür nur sehr begrenzt geeignet. Denn in seinem Kern besteht jedes Emoji letztlich auch nur aus einem Stück »gefühllosem« Code.

Ein zu starker Fokus auf technische Lösungen sorgt eher dafür, dass wir uns nur sehr oberflächlich mit anderen Menschen, Meinungen und Verhaltensweisen auseinandersetzen. Das wiederum führt dazu, dass wir uns am Ende vor allem für uns selbst interessieren und anderen gegenüber gleichgültiger werden. Nicht ohne Grund leben wir heute im Zeitalter der »Selfies«[58] – den neuen Heiligenbildchen unserer algorithmisierten Welt. Das Problem: Je stärker wir unreflektiert und ohne ein ausgleichendes Element mit den Technologien verschmelzen, die schon längst unseren Alltag bestimmen, desto weniger offen und empfänglich werden wir für die Gedanken, Gefühle und Bedürfnisse anderer Menschen und Lebewesen.

Genau dieses ausgleichende Element ist jedoch unsere Fähigkeit zur Empathie und sie wird in Zukunft gefragter sein als jemals zuvor. Denn fast all unsere aktuellen globalen Probleme wie Terrorismus, Protektionismus, soziale Ungleichheit und Klimawandel sind in ihrem Kern Empathieprobleme. Sie haben ihren Ursprung in einem völlig veralteten Welt- und Führungsverständnis, das seine treibende Kraft aus der Spaltung und der Angstmacherei zieht: gut oder böse, wir oder die anderen, richtig oder falsch, schwarz oder weiß. Das Problem dieser Denkweise ist, dass Entscheidungen immer nur zum Wohle einiger weniger getroffen werden, während die Bedürfnisse aller anderen ignoriert werden. Genau dieses »Entweder-oder-Denken« wird uns jedoch nicht dabei helfen, die komplexen Herausforderungen des 21. Jahrhunderts zu meistern. Das werden wir nur mit einem neuen »Und-Denken« schaffen, das verbindet statt trennt, kooperiert statt konkurriert und wertschätzend kommuniziert statt diffamiert.

Ohne eine »Renaissance« unserer empathischen Fähigkeiten wird uns dieser Paradigmenwechsel jedoch nicht gelingen.

Industrie 4.0 braucht Empathie 4.0

Das gilt auch für den Bereich unserer Arbeit, in dem wir momentan noch den größten Teil unserer Lebenszeit verbringen. In den nächsten Jahren werden dort unter dem Schlagwort »Industrie 4.0« immer mehr Computer und Roboter Einzug halten, welche die unterschiedlichsten Aufgaben übernehmen. Wenn wir in diesen Bereichen versuchen, uns den Computern anzupassen und mit ihnen im Bereich des rein logischen Denkens und Rechnens zu konkurrieren, werden wir scheitern. Um zukünftig erfolgreich zu sein, müssen wir das Gegenteil tun: Wir müssen uns auf die Fähigkeiten fokussieren, die Computer noch gar nicht oder nicht gut genug beherrschen. Dazu gehören »leonardeske« Fähigkeiten, die in vielen Unternehmen bis vor Kurzem oft noch belächelt wurden oder sogar unerwünscht waren: Kreativität, Spiel, Freigeist – und Empathie. Gerade Letztere wird auch in der Arbeitswelt der Zukunft unser unschlagbares Alleinstellungsmerkmal sein. Computer werden immer besser und schneller rechnen können als wir. Aber sie werden nie so empathisch sein. In der Empathie keimt, wie das Beispiel Leonardos eindrucksvoll beweist, all unsere Schöpferkraft. Der Erfolg in der Zukunft wird also in hohem Maße davon abhängen, wie gut es uns gelingt, unseren »High-Tech« durch »High-Touch« auszubalancieren. Wir sollten unserer Empathiefähigkeit und emotionalen Intelligenz daher endlich wieder den hohen Stellenwert einräumen, den sie verdienen und sie gezielt trainieren.

Damit das gelingt, muss sich vor allem etwas in den Führungsetagen der Unternehmen verändern. Denn alles, was in der Vergangenheit noch gut funktionierte, wird dem Erfolg von morgen schon bald im Weg stehen. So sind heute zwar alle Unternehmen in der Lage, Mitarbeiter technisch miteinander zu vernetzen, aber sie sind – durch jahrzehntelang gepflegtes Abteilungsdenken, bewusst geförderte Ellbogenmentalität und vernachlässigte Weiterbildung – schlecht darauf vorbereitet, die persönlichen Beziehungen zwischen einzelnen Mitarbeitern und Abteilungen produktiv zu gestalten. In der digitalen Welt von heute und morgen, die zwingend auf Vertrauen, gute Zusammenarbeit und offenen Wissensaustausch angewiesen ist, werden sich Unternehmen solche unproduktiven Strukturen nicht länger leisten können, wenn sie erfolgreich bleiben wollen. Es wird daher Zeit für einen neuen Managementstil, bei dem die Empathie im Mittelpunkt steht. Denn erfolgreich zu führen, heißt im Grunde nichts anderes als Menschen zu überzeugen, gemeinsam in eine Richtung zu gehen – und das funktioniert am besten, wenn man ihre Gedanken, Bedürfnisse und Empfindungen kennt.

Von den innovativen Pionieren unter den Unternehmen wird dieser neue Managementstil übrigens schon erfolgreich praktiziert. So bietet Google seinen Mitarbeitern unter dem Namen »Search inside yourself« bereits seit einigen Jahren ein Programm zur persönlichen Entwicklung von Empathiefähigkeit, Achtsamkeit und emotionaler Intelligenz an.[59] Das Training wurde von Google in der festen Überzeugung entwickelt, dass Führungskräfte und Mitarbeiter, deren Empathie und emotionale Intelligenz gut ausgeprägt sind, besonders erfolgreich mit anderen Menschen zusammenarbeiten, Konflikte lösen und neue Ideen entwickeln können. Mittlerweile teilen auch viele andere weltbekannte Unternehmen wie Bosch, Siemens oder SAP diese Überzeugung, denn sie entwickelten vergleichbare Trainings für ihre Mitarbeiter. Sie haben ebenfalls erkannt, dass Einfühlungsvermögen, Toleranz und Vertrauen Werte sind, die wir nicht als Algorithmus programmieren können. Wir müssen sie leben!

Ihr Coaching-Kompass

Bewerten Sie Ihre Fähigkeiten auf einer Skala von 1 bis 10:

Wie empathisch sind Sie in Ihrem Denken und Handeln?

1 2 3 4 5 6 7 8 9 10

Aufgaben und Übungen

1. Stellen Sie die richtigen Fragen …

Ein Merkmal von mitfühlenden und interessierten Menschen ist, dass sie in Gesprächen mit anderen fast ausschließlich offene Fragen stellen. Offene Fragen beginnen mit einem Fragewort (wer, wie, was, warum, wo, wieso, womit usw.) und ermöglichen es unserem Gesprächspartner, ausführlich und in ganzen Sätzen zu antworten (zum Beispiel »Was sagen Sie zu diesem Vorschlag?«). Geschlossene Fragen, die mit einem Verb oder Hilfsverb beginnen, bewirken das genaue Gegenteil. Sie bringen unseren Gesprächspartner dazu, mit ganz wenigen Worten, meistens sogar nur mit ja oder nein, zu antworten (zum Beispiel »Haben Sie das Problem gelöst?« Antwort: »Ja.«). Wenn Sie eine wirkliche Verbindung zu Ihren Familienmitgliedern, Kunden oder Bekannten aufbauen und ihre Gedanken, Wünsche und Bedürfnisse besser verstehen möchten, sollten Sie in Gesprächen daher immer auf die Kraft der offenen Fragen setzen. Nur durch offene Fragen, die echtes Interesse zum Ausdruck bringen, können sich aufrichtigere und intensivere Gespräche entwickeln, die zu ganz neuen Einsichten, Erkenntnissen und Impulsen führen.

2. … und hören Sie wirklich zu

Damit Ihre offenen Fragen tatsächlich zum »Empathie-Booster« werden, müssen Sie Ihren Gesprächspartnern aber auch wirklich zuhören und ihnen Ihre ganze Aufmerksamkeit schenken. Das bedeutet: Schauen Sie während Ihres Gesprächs nicht ständig auf Ihr Smartphone, checken Sie keine E-Mails, wechseln Sie nicht abrupt das Thema und verteilen Sie keine voreiligen Ratschläge. Seien Sie stattdessen völlig präsent und »hören« Sie Ihrem Gesprächspartner nicht nur mit Ihren Ohren, sondern auch mit Ihren Augen und Ihrem Herzen zu. Geben Sie ihm Zeit und Raum für seine Argumente, Ideen und Sorgen.

Achten Sie dabei auf die Gestik, Mimik, Haltung sowie die Stimmfarbe Ihres Gegenübers und versuchen Sie ganz bewusst, die Emotionen hinter dem Gesagten wahrzunehmen. Kommunizieren Sie Ihrem Gesprächspartner anschließend, welche nonverbalen Botschaften Sie empfangen haben (zum Beispiel »Ich habe das Gefühl, dass Sie noch nicht ganz von der Sache überzeugt sind.«).

3. Wechseln Sie die Seite

Wenn Sie mit einem Kollegen, Mitarbeiter oder Freund über ein schwieriges Thema sprechen müssen, ist die Versuchung sehr groß, diese unangenehme Aufgabe so schnell wie möglich hinter sich zu bringen. Das ist jedoch die falsche Strategie. Setzen Sie sich erst dann mit Ihrem Gesprächspartner zusammen, wenn Sie sich ausreichend Zeit genommen haben, die Situation auch aus seiner Perspektive zu betrachten. Versuchen Sie sich ein Bild davon zu machen, wie er über die aktuelle Situation denkt. Nehmen Sie seinen Blickwinkel ein, indem Sie sich folgende Fragen stellen: Was könnte der Grund für sein Verhalten sein? Was will er damit erreichen? Was würde ich an seiner Stelle tun? Wie würde wohl ein neutraler Beobachter die Situation einschätzen?

Notieren Sie kurz Ihre Antworten. Das hilft Ihnen, den Standpunkt Ihres Gegenübers noch besser zu verstehen. Suchen Sie anschließend nach Punkten, in denen Sie beide ähnlich denken oder sogar einer Meinung sind. Das Wissen über diese Gemeinsamkeiten kann Ihnen als Basis für eine gemeinsame Problemlösung dienen und zu einem sehr viel konstruktiveren Gesprächsverlauf führen.

4. Raus aus dem Bewertungsmodus

Wenn Sie alleine oder im Team auf der Suche nach innovativen Lösungen für ein bestimmtes Problem sind, ist es wichtig, Ihre gesammelten Ideen vorerst nicht zu kritisieren oder bewerten. Nur wenn Sie sich an diese Regel halten, achten Sie die drei »Grundrechte einer Idee«: Jede Idee hat das Recht,

- anderen mitgeteilt zu werden,
- vorurteilsfrei angenommen zu werden,
- sich zu entwickeln.

Wenn Sie wirklich originelle Lösungen entwickeln wollen, sollten Sie Ihrem inneren Kritiker während der Ideenfindungsphase also eine Sendepause gönnen und neue Ideen erst einmal nicht kommentieren. Ansonsten besteht die Gefahr, dass vielversprechende Ideen zu schnell verworfen oder aus Angst vor negativen Reaktionen gar nicht erst ausgesprochen werden. Nichts zerstört unsere Kreativität, Motivation und Leidenschaft nachhaltiger als voreilige kritische Kommentare.[60]

Üben Sie dieses Prinzip der Zurückhaltung, indem Sie in Ihrem Alltag immer wieder bewusst den Bewertungsmodus verlassen. Nehmen Sie sich beispielsweise vor, einen Tag lang keine Ideen zu kommentieren, sondern nur mit Ihren Gefühlen wahrzunehmen und auf sich wirken zu lassen. Sie nehmen neue Ideen, Vorschläge und Anregungen dann nicht mehr nur mit dem Kopf, sondern auch mit Ihrem Bauch wahr. Diese Balance zwischen Verstand und Intuition ermöglicht es Ihnen, sich ein vollständiges Bild von den wahren Qualitäten einer bestimmten Idee zu machen.

5. Entwickeln Sie etwas für andere

Viele wissenschaftliche Studien zeigen, dass unsere eigenen Ideen viel origineller sind, wenn wir sie nicht für uns, sondern für andere entwickeln. Wir sind also immer dann am innovativsten, wenn wir uns wie Leonardo in etwas verlieren, das über uns hinausgeht. Machen Sie sich dieses Phänomen des kreativen Schaffens bewusst zunutze und entwickeln Sie etwas für jemanden, den Sie bewundern oder der in Ihrem Leben eine wichtige Rolle spielt.

Überlegen Sie sich beispielsweise, wie ein besonders innovativer Spieltisch für Ihre Kinder, eine Alltagserleichterung für Ihre Oma oder eine nützliche Erfindung für Ihre Kunden aussehen könnten, und setzen Sie Ihre jeweils besten Ideen in die Tat um. Sie müssen sich dabei auch keine allzu ambitionierten Ziele setzen. In unserer komplexen Welt können schon kleinste Vereinfachungen einen großen Mehrwert bringen.

6. Werden Sie zum Design Thinker

Design Thinking verbindet auf wunderbare Weise die untrennbar miteinander verbundenen Themen Empathie und Innovationsfähigkeit. Machen Sie sich mit den Ideen dieses Denk- und Innovationsansatzes vertraut und besuchen Sie einen Design-Thinking-Workshop in Ihrer Nähe. Mittlerweile gibt es auch viele kleine Design-Thinking-Regionalgruppen, die sich in kleineren Runden zum regelmäßigen Austausch treffen. Wo genau, erfahren Sie unter anderem auf der Community-Seite »Meetup« (www.meetup.com), die weltweit Menschen mit gleichen Interessen an einem Ort zusammenbringt.

7. Engagieren Sie sich sozial

Sie können Ihr Einfühlungsvermögen auch wunderbar trainieren, indem Sie sich für das Wohl anderer Menschen oder Tiere engagieren. Wenn Sie sich ernsthaft mit diesem Gedanken auseinandersetzen, werden Sie schnell merken, wie viele Vereine, Organisationen und Projekte es gibt, die sich riesig über Ihre Unterstützung freuen würden. Egal, ob Sie alleinstehenden Menschen im Seniorenheim Geschichten vorlesen, die Hausaufgabenbetreuung für Schüler übernehmen, einen Sprachkurs für Flüchtlinge halten oder die Hunde Ihres lokalen Tierheims ausführen – die Tatsache, dass Sie helfen und dabei etwas über das Leben und die Sorgen anderer erfahren, wird Sie automatisch zu einem mitfühlenderen und glücklicheren Menschen machen. Ich persönlich setze mich mit meiner gemeinnützigen Organisation »Trikots ohne Grenzen« für Kinder in Kriegs- und Krisengebieten ein und es ist einfach schön zu wissen, dass ich mit dem, was ich tue, anderen Menschen ein besseres Leben ermöglichen kann.

3.6 Probe deinen Mut!

> *Imitiert niemals den Stil eines anderen, denn dadurch werdet ihr zum Enkel und nicht zum Sohn der Natur. Ich sage dies nicht jenen, die durch ihre Kunst reich werden wollen, sondern jenen, die sich dadurch Ruhm und Ehre erwerben wollen.*[61]

Am 25. April 1483, kurz nach seinem Umzug von Florenz nach Mailand, erhielt Leonardo seinen ersten dokumentierten Auftrag in der lombardischen Metropole. Es handelte sich um den Auftrag für das Altarbild der *Felsgrottenmadonna,* den Leonardo und die beiden Künstlerbrüder Evangelista und Ambrogio de Predis von der »Bruderschaft der Unbefleckten Empfängnis« erhielten. Vertraglich gefordert war ein Altarbild mit Maria, dem Jesuskind und zwei Propheten, das in der Kirche San Francesco Grande in Mailand aufgestellt werden sollte. Es war ein prestigeträchtiger Auftrag, denn die Kirche gehörte zu den größten in Mailand. Als »Meister« war Leonardo dafür verantwortlich, den Mittelteil des Bildes zu malen, während die de Predis-Brüder für Vergoldungsarbeiten und die Anfertigung der Seitenflügel verantwortlich waren – eine für die damalige Zeit typische Arbeitsteilung. Als Termin für die Fertigstellung wurde der 8. Dezember 1483, der Festtag der Unbefleckten Empfängnis, vereinbart.

Leonardo konnte die knappe Frist jedoch nicht einhalten und präsentierte das fertige Bild seinen Auftraggebern erst 1486. Er wählte für die *Felsgrottenmadonna* eine Szene, die die Flucht der Heiligen Familie nach Ägypten zeigt, um den von König Herodes befohlenen Kindstötungen zu entgehen. Die Quelle, auf die sich Leonardo bei der Ausführung des Themas stützte, gehörte allerdings nicht zum offiziellen Kanon der Bibel, sondern bezog sich auf das apokryphe Jakobus-Evangelium. Seine gläubigen Kunden waren darüber sicherlich wenig erfreut, schienen sich mit dem ungewöhnlichen Gegenstand des Bildes, das Maria, den (nicht bestellten) jungen Heiligen Johannes, das Jesuskind und einen Erzengel zeigt, aber arrangieren zu können. Woran sich die Bruderschaft allerdings störte, war die eigenwillige Komposition des geforderten Themas, die sie als Provokation empfand. Die Franziskaner verweigerten die Bezahlung des Bildes und verklagten Leonardo durch alle Instanzen auf Schadensersatz.

Der Grund für die radikale Haltung der Brüder lag in der Symbolik und Bildsprache, die Leonardo in das Altarbild hineintrug und die erheblich von der typischen Ikonografie seiner Zeit abwichen. So ließ er die Begegnung der Kinder Jesus und Johannes nicht wie üblich in der Wüste, sondern in einer düsteren Höhle stattfinden. Außerdem verzichtete er, entgegen der Forderungen seiner Auftraggeber, vollständig auf Heiligenscheine und weitere Engelsfiguren. Leonardo platzierte nur einen einzigen, geheimnisvollen Engel auf der rechten Seite des Bildes. Dieser zeigt mit einer doppeldeutigen Geste nicht nur auf Johannes, sondern auch in Richtung des Schoßes von Maria. Eine Geste, in der viele Biografen einen versteckten Hinweis auf Leonardos Zweifel am Dogma der Unbefleckten Empfängnis sehen. All diese kontroversen Inhalte hatten letztendlich zur Folge, dass die Bruderschaft von Leonardo nicht weniger als eine »bereinigte« Neufassung des Bildes forderte.

Abbildung 15: Erste Fassung der *Felsgrottenmadonna*, 1483–1486

Liest man von all den Streitigkeiten und Unannehmlichkeiten rund um die Entstehungsgeschichte der *Felsgrottenmadonna,* stellt man sich die Frage, warum Leonardo nicht einfach »auf Nummer sicher« ging und sich strikt an die Vorgaben seiner Auftraggeber hielt. Er hätte sich auf diese Weise gewiss eine Menge Ärger ersparen können. Ihm ging es jedoch um mehr. Denn im Gegensatz zu den meisten seiner Zeitgenossen lehnte er das Befolgen von Vorgaben und Regeln um ihrer selbst willen strikt ab. Leonardo bezeichnete sich selbst als »discepolo della sperientia« (dt. *Schüler der Erfahrung*), und wenn ihm aufgrund seiner Erfahrung etwas falsch erschien, brachte er das – auch gegen mögliche Widerstände – zum Ausdruck. Insofern steht das Bild der *Felsgrottenmadonna,* neben anderen Werken wie der *Anbetung* oder dem *Abendmahl,* symbolisch für ein weiteres Erfolgsprinzip Leonardos: seinen Mut, revolutionäre Ideen auszudrücken und dabei die Grenzen des Etablierten zu überschreiten.

Dieser kreative Mut zeichnet Leonardos gesamtes Schaffen aus. All seine bahnbrechenden Ideen, Beobachtungen und Techniken wären ohne seine Bereitschaft, jede Form der blinden Nachahmung abzulehnen, Autoritäten infrage zu stellen und für eigene Überzeugungen einzutreten, nicht möglich gewesen. Das ist umso bemerkenswerter, wenn man bedenkt, dass er in einer Zeit lebte, in der ein Abweichen von sozialen und religiösen Normen jederzeit ernsthafte oder im schlimmsten Fall sogar tödliche Konsequenzen haben konnte. Damit unterschied sich Leonardo grundlegend von den Künstlern der Renaissance, die Aufträge lediglich »ausführten« und noch nicht vom Wunsch beseelt waren, »sich auszudrücken«. Dieses Bedürfnis entwickelt sich erst mit Leonardo.

Wir sollten allerdings nicht den Fehler machen, diesen Mut mit Übermut oder Leichtsinn zu verwechseln. Leonardo wog jeden seiner Schritte sorgfältig ab und wurde bei aller Neugier und Entschlossenheit auch oft von Ängsten und Zweifeln geplagt. Bereits um das Jahr 1480 berichtet er in einer sehr lebendigen Erinnerung über seinen Kampf mit diesen mächtigen Gefühlen, die er mit der Entdeckung einer Höhle gleichsetzt: »Nachdem ich eine Weile davorstand [vor der Höhle, Anm. d. Aut.], wurden plötzlich zwei Gefühle in mir wach: Angst und Verlangen; Angst vor der bedrohlich finsteren Höhle und Verlangen danach zu erforschen, ob dort drinnen etwas Wunderbares sei ...«[62] Mutig zu sein hieß für Leonardo also nicht *ohne*, sondern *trotz* der eigenen Zweifel zu handeln.

Noch eine Bemerkung zur *Felsgrottenmadonna*: Nach jahrelangen Rechtsstreitigkeiten mit der »Bruderschaft der Unbefleckten Empfängnis« entstand zwischen 1491 und 1508 tatsächlich eine »entschärfte« Neufassung des Altarbilds mit Heiligenscheinen, einem Kreuzstab für Johannes und einem distanziert wirkenden Engel, dessen rechte Hand nicht mehr zu sehen ist. Das Bild ist heute in der National Gallery in London zu sehen. Im Gegensatz zur ursprünglichen Fassung, die heute im Louvre in Paris aufbewahrt wird, war Leonardo daran aber nur noch indirekt beteiligt. Es gilt als sicher, dass sie zum größten Teil von seinen Schülern und Gehilfen Marco d'Oggiono und Giovanni Antonio Boltraffio fertiggestellt wurde und danach tatsächlich in der Kirche San Francesco Grande aufgehängt wurde.

Abbildung 16: Zweite Fassung der *Felsgrottenmadonna*, 1493–1508

Gehen Sie auf Nummer unsicher!

Leonardos ursprüngliche Felsgrottenmadonna zeigt uns vor allem eines: Wir können nur innovativ sein, wenn wir auch dazu bereit sind, ein gewisses Risiko einzugehen. Etwas Neues zu wagen, verlangt von uns immer ein gewisses Maß an Mut und Risikobereitschaft. Schließlich geht es im Kern des kreativen Prozesses darum, Bestehendes zu hinterfragen, neue Möglichkeiten zu erkunden und Dinge anders zu machen. Das ist allerdings nur möglich, wenn wir unsere vertrauten Pfade verlassen und uns auf neues, unbekanntes Terrain wagen. Wenn wir kreativ sind, geht es also immer auch um Fortschritt: um ein »Fort-Schreiten« in eine noch unbekannte, aber hoffentlich bessere Zukunft. Ob unsere eigenen Schritte dabei klitzeklein oder riesengroß ausfallen, spielt zunächst keine Rolle.

Entscheidend ist, dass wir uns diese Schritte überhaupt zutrauen und uns mit voller Überzeugung für ein mutigeres Leben entscheiden. Das ist aber leichter gesagt als getan. Oftmals hindern uns negative Glaubenssätze (»Ich schaffe das nicht!«), Killerphrasen anderer Menschen (»Das funktioniert sowieso nicht!«) oder soziale Normen (»Das kann man doch nicht machen!«) daran, eigene Ideen zu entwickeln und umzusetzen. Statt Neugier und kreativem Mut machen sich bei uns Angst und Verunsicherung breit. Die Folge: Anstatt aktiv zu handeln, gehen wir passiv auf »Nummer sicher«. Wir leben Stillstand statt Fortschritt – sterbenslangweilige Routine statt lebendiger Kreativität.

Das ist aber genau der falsche Weg. Wenn Sie ein wirklich glückliches und selbstbestimmtes Leben führen möchten, müssen Sie Ihre eigenen Ideen ernst nehmen und sich trauen, sie zu verwirklichen. Andernfalls laufen Sie Gefahr, Ihr Leben nicht in Eigenregie, sondern im Auftrag anderer zu leben. Viele Menschen in unserer westlichen Gesellschaft machen heute nur deshalb »Karriere«, weil es der Chef, der Partner oder die Eltern von ihnen erwarten, aber nicht, weil es ihren eigenen Wünschen und Zielen entspricht. Die meisten dieser Menschen sind sicher auch gut in ihrem Job und führen ein Leben in Wohlstand. Trotzdem haben sie das Gefühl, ihr Leben nur mit angezogener Handbremse zu leben. Sie sind gut, aber nicht brillant; motiviert, aber nicht inspiriert. Sie verstecken sich hinter den Erwartungen anderer und trauen sich nicht, ihr einzigartiges Potenzial voll auszuschöpfen.

Es gibt eine Passage im Thomas-Evangelium (das ebenfalls nicht zum Kanon der Bibel gehört), in dem Jesus die folgenden Worte zugeschrieben werden: »Wenn du hervorbringst, was in dir ist, wird das, was du hervorbringst, dich retten. Wenn du nicht hervorbringst, was in dir ist, wird das, was du nicht hervorbringst, dich zerstören.«[63] Für mich besagt dieser Satz, dass wir Energien in uns tragen, die in beide Richtungen wirken können: sowohl ins Positive, Kreative und Erfüllende als auch ins Negative und Zerstörerische. Wenn wir um diese Energie wissen und erkennen, was wir können, dann wird dies zu unserem Glück beitragen und uns zufrieden machen. Wenn wir jedoch die Augen verschließen vor dem, was wir in uns tragen, wenn wir nicht den Mut und die Kraft aufbringen, unsere Potenziale zu entfalten, wird uns dies letztlich unglücklich machen. Seien Sie daher mutig und geben Sie sich und Ihren Potenzialen eine Chance, sich zu entfalten. Die damit verbundenen Zweifel, Risiken und Rückschläge gehören dazu und werden Ihre Entwicklung befördern. Begreifen Sie diese als unerschöpfliche Lern- und Inspirationsquellen. Denn hinter vielen Ängsten und Ausflüchten versteckt sich in Wahrheit oft eine große Sehnsucht nach genau dem, was Sie fürchten oder meiden.

Gesundes Risiko beflügelt unsere Kreativität

Forscher des California Institute of Technology haben herausgefunden, dass wir Entscheidungen, deren Risiken wir sehr gut einschätzen können, mithilfe unseres logischen Denkens treffen[64]. Stehen wir jedoch vor risikoreicheren Entscheidungen, für die uns nur lückenhafte Informationen vorliegen, kommen unsere Gefühle ins Spiel. In unserem Gehirn werden dann ganz bestimmte Hirnareale wie der Mandelkern und der orbitale Cortex mobilisiert, die für die Verknüpfung von logischen und emotionalen Informationen zuständig sind.

Diese helfen uns dabei, ein besseres Gesamtbild der Situation zu gewinnen, indem sie äußere Eindrücke, Gerüche und tastsensorische Informationen für uns bündeln. Risiko und Unsicherheit führen also dazu, dass in unserem Gehirn nicht nur die Areale für logisches Denken, sondern auch für Gefühle und Sinneswahrnehmung aktiviert werden. Wir nehmen risikobehaftete Situationen also ganzheitlicher und mit geschärften Sinnen wahr. Ein Zustand, der uns wacher und offener für neue Eindrücke macht. Wir fühlen uns lebendiger und es fällt uns leichter, Ideen zu entwickeln, die jenseits unserer festgefahrenen Denkmuster liegen.

Folgen Sie Ihrem Herzen!

Leonardo durfte aufgrund seiner illegitimen Geburt keine Universität besuchen. Das hielt ihn nicht davon ab, einer der bedeutendsten Wissenschaftler aller Zeiten zu werden. Albert Einstein konnte nicht schwimmen. Trotzdem war er ein begeisterter Segler. Machen Sie es wie da Vinci und Einstein. Leben Sie Ihr Leben mit einer gesunden Portion Mut und Risikobereitschaft und Sie werden feststellen, dass Sie sich leidenschaftlicher, sorgloser und kreativer fühlen werden. Das Wort »Courage« leitet sich übrigens vom selben Stamm ab, wie das französische Wort »Coeur« (dt. *Herz*). Wenn Sie mutig durch Ihr Leben gehen, machen Sie also nichts anderes, als Ihrem Herzen zu folgen.

Wie wichtig es ist, auf sein Herz zu hören, betonte auch der verstorbene Apple-Gründer Steve Jobs in seiner berühmten Abschlussrede, die er 2005 vor Absolventen der Stanford University hielt: »Lassen Sie nicht zu, dass der Lärm fremder Meinungen Ihre eigene innere Stimme übertönt. Und das Allerwichtigste, haben Sie den Mut, Ihrem Herzen und Ihrer Intuition zu folgen. Diese wissen bereits jetzt schon, was Sie wirklich sein wollen. Alles andere ist zweitrangig.«[65]

Ihr Coaching-Kompass

Bewerten Sie Ihre Fähigkeiten auf einer Skala von 1 bis 10:

Folgen Sie mutig Ihrem Herzen?

1 2 3 4 5 6 7 8 9 10

Aufgaben und Übungen

1. Denken Sie disruptiv

Viele der erfolgreichsten Unternehmen unserer Zeit sind nur entstanden, weil deren Gründer den Mut hatten, mit alten Regeln zu brechen und selbst neue aufzustellen. Die Reiseplattform Airbnb hinterfragt die Annahme des Übernachtungsgewerbes, dass Reisende nur in Hotelzimmern übernachten möchten. Der Nachrichtendienst Snapchat bricht mit den Prinzipien, Nachrichten in Textform zu verschicken und diese dauerhaft zu speichern. Und der Musikstreaming-Dienst Spotify wendet sich von der Idee ab, dass Musikhörer die Musik, die sie gerne hören, auch »besitzen« wollen. Haben auch Sie den Mut, immer wieder »disruptiv« zu denken und den Status quo Ihres Lebens, Ihrer Produkte oder Ihres Unternehmens zu hinterfragen. Wenn immer alles so bliebe, wie es ist, gäbe es keinen Fortschritt. Denken Sie immer daran: Beständigkeit ist nichts für die Ewigkeit!

2. Beziehen Sie Position

Denken Sie an private oder berufliche Situationen, bei denen Sie regelmäßig einknicken und sich danach unwohl fühlen. Nehmen Sie sich vor, bei der nächsten Gelegenheit eine klare Position zu beziehen. Hier einige Beispiele:

- Vertreten Sie in Gesprächen, Meetings und Diskussionsrunden Ihre Meinung, auch wenn diese von den Standpunkten der anderen abweicht.
- Sagen Sie bei unliebsamen Aufgaben, die Sie von Ihrem Vorgesetzten, Ihrer Kollegin oder Ihrem Partner bekommen, öfter mal »Nein«, wenn Sie das Gefühl haben, ausgenutzt zu werden.
- Kämpfen Sie für die Umsetzung einer Idee, von deren Erfolg Sie überzeugt sind, auch wenn Ihre Kollegen oder Freunde es nicht sind.
- Stehen Sie zu Ihren Fehlern. Geben Sie zu, wenn Sie falschlagen, und bitten Sie Menschen, die Sie damit verletzt haben, um Verzeihung.

Mein Tipp: Überfordern Sie sich am Anfang nicht. Starten Sie mit kleinen »Mutausbrüchen« und wagen Sie sich nach den ersten positiven Erfahrungen an größere Herausforderungen.

3. Wachsen Sie über sich hinaus

Sie würden gerne schreiben, glauben aber, dass Sie das nicht können? Sie würden gerne etwas entwickeln, halten sich aber für nicht, innovativ genug? Sie haben etwas zu sagen, trauen sich aber nicht, vor Leuten zu sprechen? Dann sollten Sie unbedingt an einem Schreib-, Ideen- oder Speaker-Wettbewerb teilnehmen. Denn wenn Ihnen das, was Sie dafür tun müssen, wirklich etwas bedeutet, wird Ihr Beitrag auch entsprechend gut sein, und es wird Ihnen Freude bereiten, daran zu arbeiten. Trauen Sie sich einfach mitzumachen! Nach der ersten großen Aufregung werden Sie mächtig stolz sein, weil Sie etwas getan haben, das Ihnen wichtig war und ganz »nebenbei« auch noch Ihre Zweifel und Ängste überwunden haben.

4. Beobachten Sie Ihre Denkgewohnheiten

Kennen Sie das? Sie haben sich etwas ganz fest vorgenommen, zum Beispiel etwas Neues auszuprobieren oder bestimmte Dinge in Ihrem Leben zu verändern, aber schon nach kurzer Zeit merken Sie, dass Sie mit Ihrem Vorhaben nicht vorankommen. Ist das der Fall, sollten Sie unbedingt Ihre Denkgewohnheiten beobachten. Meistens sind es nämlich festgefahrene Denkroutinen und unproduktive Überzeugungen, die uns daran hindern, an unser innovatives Potenzial zu glauben, es wahrzunehmen und für uns zu nutzen. Gemeint sind damit Glaubenssätze wie »Das hat doch noch nie geklappt!«, »Was sollen die anderen denken?« oder »Immer geht etwas schief!« Das Problem an solchen Sätzen ist, dass sie affirmativen Charakter haben. Das heißt, je öfter Sie sie denken oder sagen, desto höher ist die Wahrscheinlichkeit, dass es tatsächlich so kommt, wie Sie es eigentlich gar nicht wollen. Dieses Phänomen nennt sich selbsterfüllende Prophezeiung.
Damit das nicht passiert, sollten Sie ein Gefühl für Ihre typischen Denkgewohnheiten entwickeln und sie als das ansehen, was sie sind – reine Gedanken. Außerdem sollten Sie sich bewusst machen, dass Generalisierungen wie »nie«, »immer« oder »die anderen« NIEMALS der Wahrheit entsprechen. Es gibt keinen einzigen Menschen auf diesem Planeten, dem noch »nie« etwas gelungen ist oder bei dem »immer« etwas schiefläuft.
Um Ihre Denkgewohnheiten und inneren Überzeugungen zu verändern, müssen Sie an genau diesen Punkten ansetzen und sie ins Positive verkehren. Ein Beispiel: Anstatt immer wieder zu denken »Das schaf-

fe ich nie!«, sollten Sie sich lieber an Situationen erinnern, in denen die Dinge für Sie wie am Schnürchen geklappt haben. Aus diesen positiven Erinnerungen ziehen Sie das Selbstvertrauen für den nächsten erfolgreichen Schritt Ihres Vorhabens.

5. Absolvieren Sie kleine Mutproben

Mut ist wie ein Muskel, der immer stärker wird, je mehr Sie ihn trainieren. Suchen Sie in Ihrem Alltag aktiv nach Gelegenheiten, Ihren Mut und Ihre Risikobereitschaft immer wieder unter Beweis zu stellen. Hier ein paar Vorschläge:

- Sprechen Sie in einem Café oder auf einer Veranstaltung jemanden an, den Sie überhaupt nicht kennen, und fangen Sie ein Gespräch mit ihm an.
- Stellen Sie am Ende jedes interessanten Vortrags, den Sie besucht haben, vor versammelter Zuhörerschaft mindestens eine Frage an den Vortragenden.
- Trauen Sie sich, ein bekanntes Gericht mit neuen, eigens ausgewählten Zutaten aufzupeppen, und servieren sie es Ihren besten Freunden.
- Erkunden Sie eine neue Stadt ohne Stadtplan. Sprechen Sie stattdessen mit Menschen vor Ort, um an Infos zu Sehenswürdigkeiten, Restaurants und tollen Plätzen zu kommen.
- Machen Sie an fünf aufeinanderfolgenden Tagen fünf unbekannten Menschen jeweils ein Kompliment.

Mein Tipp: Wenn Ihnen selbst mal keine Mutproben einfallen sollten, bitten Sie doch einen Freund oder Kollegen darum, Ihnen eine kleine Aufgabe zu stellen. Im Gegenzug dürfen Sie sich natürlich auch für ihn eine ausdenken. Das macht nicht nur eine Menge Spaß, es fördert auch noch Ihre Kreativität.

3.7 Folge deinem Stern!

Wer seinem Stern folgt, der kehre nicht um.[66]

Leonardo ist bereits über 50 Jahre alt, als er folgenden kurzen Satz an den oberen Rand einer Notizbuchseite schreibt: »Den Vogel so klar zu beschreiben scheint meine Bestimmung zu sein.«[67] Gleich im Anschluss erwähnt er auf dem gleichen Blatt eine seiner frühesten Kindheitserinnerungen. Leonardo berichtet darin von einer Gabelweihe[68], die in seiner Kindheit an seine Wiege herunterflog und ihn mehrmals im Gesicht berührte.

Es wurde viel darüber diskutiert, ob es sich bei dieser ungewöhnlichen Geschichte tatsächlich um eine Erinnerung oder nur um eine Fantasie Leonardos handelt. Wie so oft in der Rückschau auf Leonardos Leben gibt es hier keine eindeutige Antwort. Das Einzige, was wir mit Sicherheit sagen können, ist, dass Leonardo zur Zeit dieser Erinnerung wieder einmal intensiv seinem Traum vom Fliegen nachhing. Mit großer Begeisterung und Akribie füllte er ein kleines Notizbuch mit Studien, Diagrammen und wunderbar präzisen Skizzen über den Körperbau und die Flugbewegungen der Vögel. Das Notizbuch liegt heute in der Königlichen Bibliothek in Turin und wird daher als Codex Turin bezeichnet. Es ist Leonardos Hohelied auf seine großen Vorbilder: die Vögel.

Dass Leonardo seine Gedanken auch im fortgeschrittenen Alter wieder dem menschlichen Flug zuwandte, macht deutlich, wie viel ihm dieses Thema persönlich bedeutete. Schon 20 Jahre zuvor hatte er sich in Mailand mit dem Traum vom Fliegen beschäftigt und detaillierte Forschungen betrieben. So entwarf er in den 1480er-Jahren neben einem pyramidenförmigen Fallschirm und einer helikopterartigen Luftschraube auch seine erste klassische Flugmaschine: einen Ornithopter, auch Schwingenflügler genannt, den er nach den

Prinzipien des Vogelflugs konstruierte. Dafür ermittelte er nicht nur einige allgemeine physikalische Prinzipien des Fliegens, sondern experimentierte auch mit verschiedensten Materialien, dem idealen Körperschwerpunkt und natürlich den Flügeln.

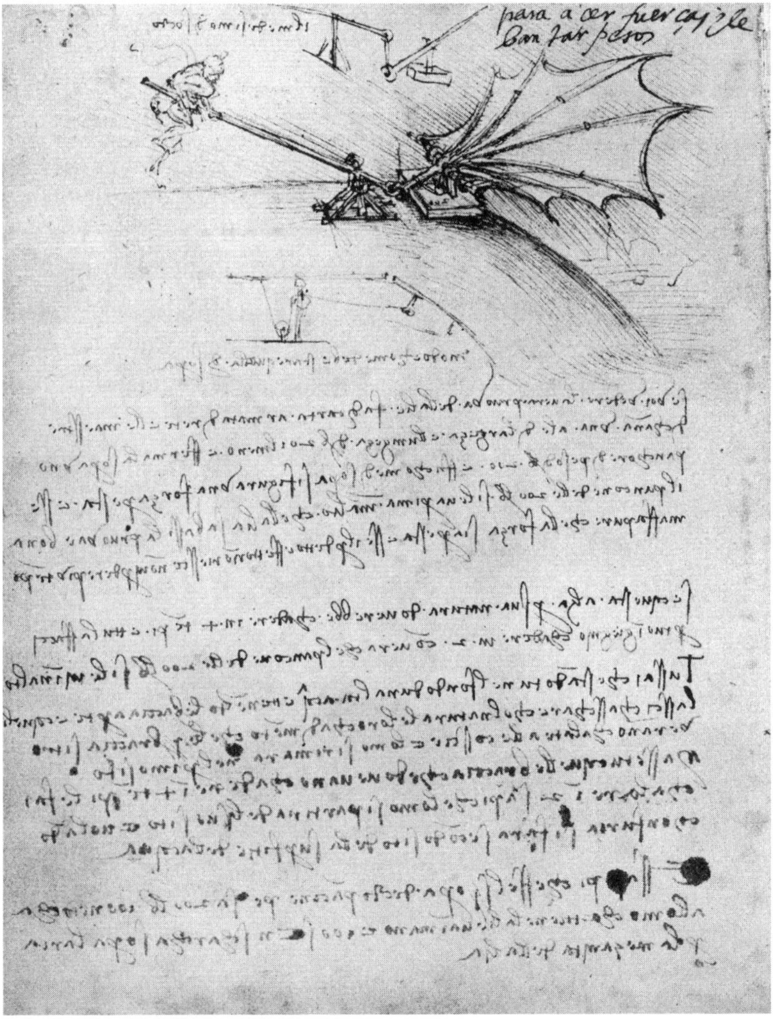

Abbildung 17: Belastungsprobe eines Flügels, 1487–1490

Trotz einiger erster vielversprechender Ansätze musste Leonardo allerdings bald erkennen, dass viele seiner Ideen und Entwürfe in der Praxis nicht funktionierten. So ging er in seinen frühesten Studien beispielsweise von einer direkten Kraftübertragung des Piloten auf seine Flugmaschinen aus. Doch schon bald gelangte er durch seine Zeichnungen und Experimente zu der Einsicht, dass sich ein Mensch allein durch Flügelschläge mit der Muskelkraft seiner Arme nicht in die Lüfte erheben kann. Er entwickelte daraufhin komplexere Mechanismen, die auch die Übertragung der Kraft der Beine auf die Schwingen seiner Flugmaschinen ermöglichten. Mit zunehmender Komplexität nahm allerdings auch das Gewicht der Maschinen zu und Leonardo stand erneut vor dem Problem, dass die begrenzten Möglichkeiten der menschlichen Muskelkraft nicht ausreichten, um seine Fluggeräte vom Boden abheben zu lassen. Selbstkritisch notiert er: »Von Hochmut getrieben, möchte so mancher sich in die Lüfte erheben, aber das übermäßige Gewicht seiner Glieder hält ihn auf der Erde.«[69]

Wenn wir uns vor Augen führen, wie stark Leonardo vom Wunsch beseelt war, selbst zu fliegen und sich frei wie ein Vogel zu fühlen, können wir uns vorstellen, wie hart ihn diese Rückschläge getroffen haben müssen. Wie das obige Zitat zeigt, war er tatsächlich enttäuscht und entmutigt, hatte er doch über einen langen Zeitraum begeistert geforscht und große Hoffnungen auf sein ehrgeiziges Vorhaben gesetzt. Leonardos Enttäuschung hielt jedoch nicht lange an. Bereits wenige Jahre später – er war wieder nach Florenz zurückgekehrt – beschäftigte er sich umso leidenschaftlicher mit seinen tollkühnen Maschinen.

Leonardos neu entfachte Entschlossenheit, seinen Traum vom Fliegen zu verwirklichen, fällt in das Jahr 1505. Mit größter Sorgfalt und Genauigkeit füllte er Blatt um Blatt seines bereits erwähnten »Codex über den Vogelflug«. In seinen Studien entfernte sich Leonardo jetzt mehr und mehr von der Idee einer mit Menschenkraft betriebenen Flugmaschine und konzentrierte sich eher auf einfache Hängegleiter. Als Vorbild dienten ihm dabei vor allem die großen Raubvögel, die über den Bergen der Toskana mit ausgebreiteten Flügeln dahinglitten und die Kraft des Windes optimal nutzten. Im Rahmen seiner Beobachtungen fertigte er wunderschöne Skizzen vom Flugverhalten der Vögel an, beschäftigte sich mit der Natur des Auftriebs und untersuchte die Wirkung des Windes auf bestimmte Flügelstellungen. Seine neu gewonnenen Erkenntnisse ließ Leonardo direkt in seine Konstruktionen einfließen und entwarf jetzt Maschinen, bei denen nicht mehr die Erzeugung von Auftriebskraft, sondern das aktive Gleiten im Mittelpunkt stand. Geschmeidig wie ein Adler sollten seine neuen Flugapparate ihre Bahnen durch die Lüfte ziehen und der Pilot mithilfe eines Ruderwerks das Steuern übernehmen.

Leonardo war wieder fest davon überzeugt, dass der uralte menschliche Traum vom Fliegen nicht länger ein Traum bleiben müsse. »Der Vogel«, schreibt Leonardo optimistisch in eines seiner Notizbücher, »ist eine Maschine, die nach den Gesetzen der Mathematik funktioniert. Es liegt in der Macht des Menschen, diese Maschine mit all ihren Bewegungen nachzubauen.«[70] Er war voller Überzeugung, dass seine Flugmaschine dieses Mal funktionieren würde und plante sogar einen Probeflug: »Der große ›Vogel‹ wird seinen ersten Flug auf dem Rücken des ›großen Schwans‹ unternehmen und die Welt in ungeheures Erstaunen versetzen, alle Schriften mit seinem Ruhm füllen und seinem Geburtsort zu ewiger Ehre gereichen [gemeint ist der Monte Ceceri nahe des Ortes Fiesole; cecero ist ein alter Florentiner Ausdruck für »Schwan«].«[71] Wie ein weiterer Notizbucheintrag zeigt, hielt er sich zu dieser Zeit tatsächlich in der Nähe von Fiesole auf und hatte sich vorab auch schon Gedanken über die möglichen Gefahren eines Absturzes gemacht[72]. In diesem Zusammenhang entwickelte Leonardo einen Vorläufer unseres heutigen Airbags, bei dem der Pilot aufgeblasene und aneinandergebundene Schläuche um den Körper trug, die einen Absturz abfedern sollten.

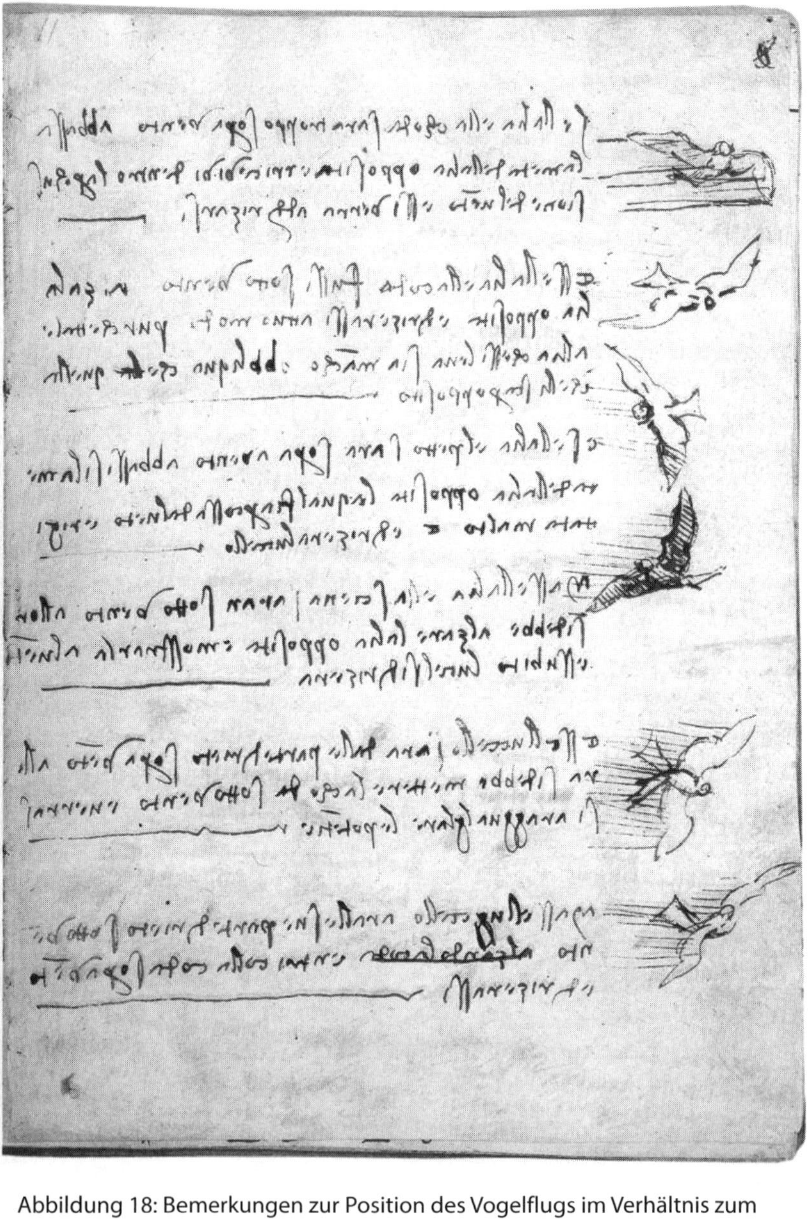

Abbildung 18: Bemerkungen zur Position des Vogelflugs im Verhältnis zum Wind, 1505

Trotz dieser vielen konkreten Hinweise auf einen geplanten Testflug gibt es keinerlei Notizbucheinträge oder Augenzeugenberichte, die beweisen, dass der Probeflug tatsächlich stattgefunden hat. Viele Historiker bezweifeln sogar, dass Leonardo auch nur eine einzige seiner Flugmaschinen jemals einem Testflug unterzogen hat[73]. Ich teile diese Einschätzung nicht. Für mich ist es völlig unvorstellbar, dass Leonardo als »ergebener Schüler der Erfahrung« und glühender Verfechter des Experiments[74] keines seiner Fluggeräte ausprobiert haben soll. Für viel wahrscheinlicherer halte ich es, dass sein besagter Flugversuch am Monte Ceceri aus nicht näher bekannten Gründen missglückte und Leonardo verständlicherweise kein großes Interesse daran hatte, diesen erneuten Misserfolg publik zu machen. Diese Vermutung stützt auch eine Aussage des Mathematikers und Philosophen Girolamo Cardano, dessen Vater gut mit Leonardo befreundet war. Cardano hielt Leonardo für einen »außergewöhnlichen Mann«, bemerkte aber unmissverständlich: »Er versuchte zu fliegen und scheiterte«.[75]

Erneut war Leonardo mit einem seiner Flugexperimente gescheitert, erneut musste er mit dem bitteren Gefühl der Enttäuschung leben. Doch auch dieses Mal gab er nicht auf und verfolgte seinen Traum vom Fliegen mit leidenschaftlicher Beharrlichkeit weiter. Leonardos letzte dokumentierte Aufzeichnungen zum Thema stammen aus dem Jahr 1515 – zu diesem Zeitpunkt ist er bereits 63 Jahre alt. Dass er trotz der vielen Rückschläge und erfolglosen Flugversuche bis ins hohe Alter an der Verwirklichung seines Traumes festhielt, ist umso bemerkenswerter, wenn man sich vor Augen führt, dass er in den Jahrzehnten seiner Beschäftigung mit Flugmaschinen völlig auf sich allein gestellt war. Wissenschaftliche Texte oder gar Illustrationen, aus denen er etwas über die Anatomie der Vögel, den Luftwiderstand oder den Bau aerodynamischer Flügel hätte erfahren können, gab es nicht. Er musste sich diese Themengebiete selbst erschließen.

Entscheidend geholfen haben Leonardo seine erstaunlicherweise oft richtigen, teilweise aber auch falschen Annahmen und Erkenntnisse nicht. Heute gilt es als sicher, dass zu seinen Lebzeiten keine seiner Maschinen am Ende das tat, was sie sollte: fliegen. Waren die Mühen und das Herzblut, die Leonardo in seinen Traum vom Fliegen investiert hatte, also völlig umsonst? Mit Sicherheit nicht! Auch wenn Leonardo mit seinem Körper ein Leben lang auf dem Erdboden bleiben musste, hinderte ihn das niemals daran, sich in seinen Träumen in die Lüfte zu erheben. So sind seine Gedanken und Aufzeichnungen vor allem eines: Bemerkenswerte Höhenflüge eines innovativen Geistes, die einen ersten großen Meilenstein auf dem Weg zur modernen Fliegerei markieren. Denn als Leonardos Aufzeichnungen im 19. Jahrhundert wiederentdeckt wurden, »beflügelten« sie zahlreiche Erfinder und Pioniere der Luftfahrt wie den deutschen Ingenieur Otto Lilienthal. Dieser wiederum inspirierte mit seinem Buch *Der Vogelflug als Grundlage der Fliegekunst* aus dem Jahr 1889 niemand Geringeren als die Gebrüder Wright zur Erfindung des ersten Flugzeugs, mit dem ein andauernder und gesteuerter Motorflug möglich war. Leonardos Traum war endlich lebendig geworden – und ist es bis heute geblieben.

Auf zu den Sternen!

Wenn sich ein Raumschiff der NASA heute zu einem Erkundungsflug in Richtung Weltall aufmacht, fliegt der Innovationsgeist Leonardos immer mit zu den Sternen. Denn alle Astronauten tragen den Aufnäher eines kleinen vitruvianischen Menschen in Form eines Raumfahrers auf ihren Raumanzügen. Hätte Leonardo zu seinen Lebzeiten geahnt, dass ihm einmal diese besondere Anerkennung zuteilwird, hätte er sich sicher geehrt gefühlt. Schließlich griff er auf den unterschiedlichsten Themengebieten selbst immer wieder nach den Sternen.

Ich bekomme bei dieser wunderbaren Geschichte Gänsehaut, denn sie zeigt uns, was wir bewirken können, wenn wir uns, wie Leonardo, voll und ganz einem bestimmten Ziel verschreiben. Indem wir uns ambitionierte Ziele stecken, geben wir unseren Gedanken und unserem Handeln eine Richtung und legen damit den Grundstein für außergewöhnliche Leistungen. Denn erst, wenn wir wissen, wo wir hinwollen, können wir unsere Kräfte bündeln, Prioritäten setzen und Rückschläge ertragen. Sobald wir unseren »Stern« entdeckt haben, den wir erreichen möchten, brauchen wir niemanden, der uns lenkt oder motiviert, denn wir befinden uns auf unserer eigenen Mission.

Das Problem ist, dass sich nur die wenigsten Menschen wirklich Gedanken über ihre ganz persönlichen Ziele machen. Schätzungen zufolge beschäftigen sich nur circa fünf Prozent der Menschen regelmäßig mit ihren Zielen und wie sie diese erreichen können. Interessanterweise sind gerade diese Menschen auch besonders einfallsreich, dynamisch und erfolgreich. Die 95 Prozent, die sich nur sehr wenig oder gar nicht mit ihren Zielen befassen, lassen die Dinge einfach auf sich zukommen. Sie lassen sich durch ihr Leben und ihren Job treiben und arbeiten ab, was gerade anfällt – oft auch unter Zeitdruck und Stress. Weil sie keine Vorstellung von ihren wahren Zielen haben, sind sie leichter zu beeinflussen und zu »steuern«. Denn wer selbst keine Ziele hat, arbeitet in aller Regel für Menschen, die Ziele haben. Wenn wir selbstbestimmt und innovativ leben wollen, brauchen wir also klare Ziele.

Sie werden jetzt vielleicht denken: »Moment mal, Ziele verengen doch den Blickwinkel und Innovationen erfordern uneingeschränkte Offenheit.« Das stimmt allerdings nicht. Im kreativen Prozess sind Einschränkungen besonders wertvoll, da Innovationen immer aus unserem Ringen mit dem entstehen, was uns Grenzen setzt. Darüber hinaus ist unser Gehirn so konzipiert, dass es nur dann zu kreativen Höchstleistungen aufläuft, wenn es vor konkrete Aufgaben gestellt wird. Zu unspezifische Aufgabenstellungen – zum Beispiel: »Wie können wir unsere Kunden glücklich machen?« – werden unbewusst als uninteressant bewertet und unser Gehirn schaltet automatisch einen Gang runter. Das bedeutet, dass der Aktivierungsgrad unseres Gehirns umso höher ausfällt, je genauer wir definieren, was wir in einem ganz bestimmten Bereich erreichen wollen. Sich mit Einschränkungen auseinanderzusetzen, erweist sich für unsere Persönlichkeit und Innovationsstärke daher in Wahrheit als erweiternd. Leonardos Flugexperimente sind hierfür der beste Beweis. Leonardo hatte nie die passenden Studien, Mitstreiter oder Materialien zur Hand, um optimal arbeiten zu können. Doch gerade seine Auseinandersetzung mit diesen Beschränkungen und sein immer gegenwärtiges Ziel ließen ihn zu Höchstform auflaufen.

Insistieren, um zu triumphieren

Leonardos Arbeit an seinem Traum vom Fliegen zeigt uns außerdem, dass wir von unseren eigenen Ideen und den damit verbundenen Zielen überzeugt sein müssen. Nur so können wir Widerstände ertragen und die Motivation entwickeln, um am Ende tatsächlich erfolgreich zu sein. Wäre Leonardo von seinen Flugstudien und -versuchen nicht wirklich überzeugt gewesen, hätte er sein Vorhaben wahrscheinlich nach den ersten Rückschlägen wieder aufgegeben. Denn auf die Unterstützung oder das Verständnis seiner Zeitgenossen konnte er bei all seinen Flugexperimenten nicht hoffen. Wer als Sterblicher so verrückt war zu glauben, er könne es den Engeln oder Christus bei seiner Himmelfahrt gleichtun, konnte sich des Spotts und der Ablehnung seiner Mitmenschen sicher sein. Leonardo war sich dessen durchaus bewusst, doch der Glaube an seine Träume war stärker. In Richtung seiner Kritiker schreibt er ganz unverblümt: »Erfahrene Männer werden sich ansehen, was ich tue und es als nutzlos bezeichnen. Doch die Worte, die ihren Mündern entweichen, sind so weise wie der Wind der Fürze aus ihren Hintern.«[76] Leonardo erkannte, dass er seine Ideen nicht beim ersten Gegenwind aufgeben durfte, wenn er sich eines Tages wie ein Vogel in die Lüfte erheben wollte. Er musste insistieren, um zu triumphieren.

All unsere Überzeugung nutzt uns jedoch wenig, wenn wir uns nicht an die Umsetzung unserer Ideen machen. Das bedeutet, dass wir uns, sobald wir unseren »Stern« gefunden haben, auf den Weg machen müssen. Die exakten Koordinaten des Sterns müssen wir zu diesem Zeitpunkt noch nicht kennen. Zu Beginn genügt es, wenn wir die grobe Richtung einschlagen. Alles Weitere ergibt sich dann auf unserer Reise. Auch Leonardo wusste, dass er seine Ziele nur erreichen konnte, wenn er immer wieder etwas dafür tat. »Auf dem Kopfkissen oder unter der Decke ausgestreckt erntest du nicht den Ruhm«[77], ermahnt er sich in einem seiner Notizbücher. Leonardo wollte nicht auf eine bessere Zukunft warten – er wollte sie selbst gestalten.

Dass auf einem solchen Weg Rückschläge unvermeidlich sind, erkannte auch Leonardo. Er sah seine Fehler und Irrtümer daher nicht als etwas Schlechtes, sondern als nützliche Erfahrungen, die ihm wertvolle Informationen für die sein weiteres Vorankommen lieferten. Er schreibt: »Jeder macht beim ersten Versuch irgendwelche Fehler […]. Deshalb musst du […] dein Werk prüfen. Wo du Fehler findest, da verbessere sie und merke sie dir gut, damit du sie nicht noch einmal machst.«[78] Genau diese Denkweise sorgte dafür, dass sich nicht nur Leonardos Ideen immer weiterentwickelten, sondern auch er selbst.

Realitätscheck: Innovative Unternehmen?

Würde Leonardo heute leben und seine damaligen Experimente nicht auf eigene Faust, sondern für ein typisches Unternehmen der heutigen Zeit durchführen, würde ihm der Spaß an seiner Arbeit sicher schnell vergehen. Anstatt einfach loszulegen, müsste er erst einmal eine Machbarkeitsstudie anfertigen und darlegen, warum es wirtschaftlich sinnvoll sein könnte, zu fliegen. Hätte er diese Hürde genommen, müsste er seine Idee durch eine »Lähmschicht« aus etablierten Hierarchien und Entscheidungsprozessen drücken und viele Neinsager und Traditionsverwalter überzeugen. Gelänge ihm auch das, könnte er endlich loslegen, aber sicher nicht für lange. Denn spätestens nach den ersten Fehlversuchen würde sein Projekt als unwirtschaftlich eingestuft und im Papierkorb landen. Nach einer gewissen Zeit würde Leonardo das Unternehmen erschöpft verlassen und höchstwahrscheinlich ein eigenes Startup gründen.

Leider spiegelt diese fiktive Geschichte die heutige Realität wider. Denn im Umfeld vieler Unternehmen haben fortschrittliche Ideen sehr schlechte Überlebenschancen. Eine effiziente Maschinerie aus etablierten Prozessen, Systemen und Regeln lässt den Mitarbeitern wenig Spielraum für die Verwirklichung unkonventioneller Einfälle und Träume. Um wirklich innovativ sein zu können, braucht es aber genau diese Träume, die danach streben, Wirklichkeit zu werden. Aus diesem Grund müssen Unternehmen in Zukunft Rahmenbedingungen schaffen, die es Mitarbeitern erlauben, außerhalb etablierter Strukturen ihre Ideen und Träume zu verwirklichen, Synergien zu schaffen, Fehler zu machen und persönlich zu wachsen. Nur wenn ihnen das gelingt, können sie zu einem Ort werden, an dem neue Ideen florieren und die Welt verändern.

Heben Sie ab!

Was für Unternehmen gilt, gilt auch für den privaten Bereich. Auch hier müssen wir uns Freiräume für unsere Ideen schaffen und den Mut aufbringen, sie – wie Leonardo – mit voller Überzeugung zu verwirklichen. Achten Sie dabei unbedingt darauf, sich keine zu niedrigen Ziele zu setzen, die Sie und Ihre wahren Fähigkeiten permanent unterfordern. Schließlich wollen Sie wachsen und das gelingt Ihnen nur, wenn Sie sich – wie Leonardo – nach den Sternen strecken. Und haben Sie auf Ihrem Weg keine Angst, Fehler zu machen! Sie brauchen diese Fehler, um zu verstehen, was Ihnen am jeweiligen Punkt Ihrer Reise noch *gefehlt* hat, um erfolgreich weiterzumachen. Setzen Sie sich auch nicht unter Druck, Ihr Ziel unbedingt erreichen zu müssen. Setzen Sie sich lieber Zwischenziele und genießen Sie das gute Gefühl, wenn Sie diese erreicht haben. Auch Leonardo ging bei seinen Flugexperimenten Schritt für Schritt vor und schöpfte aus jedem noch so kleinem Erfolgserlebnis neuen Mut für sein Vorhaben.

Sein großes Ziel, selbst zu fliegen, erreichte er am Ende nicht. Trotzdem würde heute wohl niemand behaupten, Leonardos Arbeit auf diesem Gebiet sei wertlos gewesen. Im Gegenteil. Wie wir gesehen haben, inspiriert sie bis heute unzählige Menschen und Erfinder zu Höchstleistungen. Daher möchte ich auch Sie ermutigen: Schenken Sie der Welt Ihre Ideen und Träume – die Welt hat sie verdient!

Ihr Coaching-Kompass

Bewerten Sie Ihre Fähigkeiten auf einer Skala von 1 bis 10:

Wie konsequent verfolgen Sie Ihre Ziele?

1 2 3 4 5 6 7 8 9 10

Aufgaben und Übungen

1. Finden Sie heraus, was Sie wirklich wollen

Nehmen Sie sich etwas Zeit und Ruhe und lassen Sie sich auf das folgende Gedankenexperiment ein. Stellen Sie sich vor, ein verrückter Professor beamt Sie auf einen Planeten, der genauso aussieht wie die Erde. Es ist dort alles so, wie Sie es bereits kennen – Ihr Job, Ihre Familie, Ihre Freunde usw. Schon kurz nach Ihrer Ankunft stellen Sie allerdings fest, dass eine Sache anders ist: Auf dem neuen Planeten haben Sie Superkräfte und können mithilfe Ihrer Gedanken die Welt jederzeit nach Ihren Wünschen und Träumen umgestalten. Die einzige Regel: Mit Ihren Gedankenspielen dürfen Sie keinem Menschen oder Lebewesen Schaden zufügen – weder direkt noch indirekt.

Beantworten Sie sich nun ganz ehrlich folgende Fragen:

- Was wäre das Allererste, das ich verändern würde?
- Wo und wie würde ich leben?
- Welcher Arbeit würde ich nachgehen?
- Wie viel Geld würde ich verdienen?
- Mit welchen Menschen würde ich meine Zeit verbringen?
- Welchen Hobbys würde ich nachgehen?
- Was würde ich neu bzw. wieder lernen wollen?
- Welches Herzensprojekt würde ich in Angriff nehmen?
- Wofür würden mich die Menschen bewundern?

1. Notieren Sie Ihre Antworten und machen Sie sich keine Gedanken darüber, ob Ihre Vorstellungen realistisch sind oder nicht. In dieser Übung geht es zunächst nur um das »Was«, nicht um das »Wie«. Schreiben Sie alles auf, was Sie gerne erreichen, haben, machen oder sein wollen.

2. Markieren Sie aus all Ihren niedergeschriebenen Wünschen anschließend die Wünsche, von denen Sie sich am meisten angezogen fühlen.
3. Greifen Sie sich aus Ihrer Favoritenliste jetzt den Wunsch heraus, den Sie am allerliebsten verwirklichen möchten.
4. Setzen Sie sich eine realistische Frist für das Erreichen dieses Ziels und legen Sie los! Die nächste Übung verrät Ihnen, worauf Sie dabei achten sollten.

2. Starten statt warten

Nachdem Sie herausgefunden haben, was Sie in Ihrem Leben wirklich verändern möchten, sollten Sie sich so schnell wie möglich an die Umsetzung machen. Denn leider fühlen wir uns mit der Vorstellung, über unsere Vorhaben nachzudenken oder zu sprechen, allzu sicher, nicht aber mit der Vorstellung, sie tatsächlich umzusetzen. Das Problem dabei: Indem Sie Ihr Vorhaben vor sich herschieben und immer wieder durchdenken, weil Sie erfolglos versuchen, alle möglichen Unsicherheiten abzuwägen, erschaffen Sie unbewusst ein »Bedenken-Monster«, vor dem Sie sich irgendwann so zu fürchten beginnen, dass Sie in eine Schockstarre verfallen. Aus genau diesem Grund sollten Sie nicht zu lange warten, sondern so bald wie möglich den ersten auch noch so kleinen Schritt in Richtung Umsetzung Ihrer Idee machen.

Beispiel: Nehmen wir an, Ihre Idee ist es, weltweit ein revolutionäres Weiterbildungsthema zu etablieren. Verwenden Sie Ihre kreative Energie dann nicht dafür, alle möglichen Punkte zu sammeln, die Ihnen für die Umsetzung aktuell noch fehlen (Büro, Geld, Mitarbeiter usw.), sondern machen Sie sich Gedanken, was Sie bereits haben, um schnellstmöglich loslegen können. Entwickeln Sie einfach Ihr erstes Trainingskonzept und finden Sie mindestens eine Person, die bereit ist, dafür zu bezahlen, von Ihnen trainiert zu werden. Holen Sie sich danach Feedback ein und verfeinern Sie Ihr Konzept. Wenn Ihre Schulung gut war, wird Sie diese Person sicher weiterempfehlen, und beim nächsten Mal haben Sie vielleicht schon zehn zahlende Teilnehmer. Und das ist super! Denn Sie wissen jetzt, dass Ihre Idee gut ist und Potenzial hat. Mit jeder Menge positiver Energie können Sie Ihre Idee immer weiter verbessern und wachsen lassen. Die wirklich Großen haben es übrigens genauso gemacht. Steve Jobs startete Apple 1976 in seiner Garage. Larry Page brachte Google ins Rollen, indem er sich im Jahr 1997 erst einmal die Domain google.com sicherte und Newsletter an einen ersten kleinen Kundenkreis verschickte.

3. Nutzen Sie diese beiden »Ziele-Booster«

Wenn Sie die Chancen, Ihre Ziele zu erreichen, weiter steigern wollen, sollten Sie diese zwei Dinge tun:

- Schreiben Sie Ihre Ziele auf.
- Sprechen Sie regelmäßig mit Freunden über Ihre Ziele.

Dass Sie damit mehr Erfolg haben werden, ist sogar wissenschaftlich bewiesen. Die Psychologieprofessorin Gail Matthews von der Dominican University of California führte eine Studie[79] durch, an der insgesamt 267 internationale Teilnehmer aus Unternehmen, Organisationen und Netzwerken mitmachten. Matthews wollte herausfinden, inwieweit das Niederschreiben und Weitererzählen von Zielen am Arbeitsplatz die Zielerreichung beeinflusst und teilte die Teilnehmer dafür in unterschiedliche Gruppen ein.
Das Ergebnis: Am besten schnitt die Teilnehmergruppe ab, die ihre Ziele aufschrieb und ihren Freunden immer wieder über ihre Fortschritte berichtete. In dieser Gruppe erreichten fast 80 Prozent ihre vorher gesteckten Ziele.

4. Schreiben Sie sich Ziele-Zettel

Auch wenn Sie Ihre Ziele schon für sich notiert haben (zum Beispiel in Ihrem Notizbuch), kann es nicht schaden, sich trotzdem immer wieder daran zu erinnern. Nehmen Sie sich dafür einen kleinen Zettel, auf den Sie beispielsweise Ihr nächstes Zwischenziel schreiben oder zeichnen. Stecken Sie sich diesen Ziele-Zettel in Ihren Geldbeutel, Ihre Handtasche oder heften Sie ihn an den Monitor Ihres Computers. Auf diese Weise lenken Sie Ihre Aufmerksamkeit kontinuierlich auf Ihr Anliegen und setzen dadurch einen Prozess in Gang, der Sie schneller zu Ihrem Ziel bringen wird. Allein aufgrund der Tatsache, dass Sie sich immer wieder auf Ihre Mission fokussieren, werden Sie leichter auf neue Ideen kommen, inspirierende Leute kennenlernen und unerwartete Möglichkeiten entdecken.

5. Setzen Sie die richtigen Prioritäten

Selbst wenn wir unsere Ziele kennen und aufgeschrieben haben, ist das noch keine Garantie dafür, dass wir sie tatsächlich erreichen. Das liegt daran, dass wir uns in unserem Alltag auf die falschen Dinge konzentrieren. Damit das nicht passiert, sollten Sie die 80-20-Regel nutzen. Die 80-20-Regel ist auch als »Pareto-Prinzip« bekannt und geht auf den italienischen Ökonom Vilfredo Pareto zurück. Dieser fand Anfang des 19. Jahrhunderts heraus, dass 20 Prozent der Bevölkerung 80 Prozent des gesamten Geldes besaßen. Später fand er heraus, dass sein Prinzip auf viele andere Lebensbereiche anwendbar ist. Das gilt auch heute noch. Hier ein paar Beispiele:

- 80 Prozent unserer Zeit tragen wir 20 Prozent unserer Kleidung.
- 80 Prozent des Umsatzes wird durch 20 Prozent der Kunden generiert.
- 80 Prozent unseres Erfolges erzielen wir durch 20 Prozent unserer Handlungen.

Gerade der letzte Punkt ist wichtig, wenn Sie Ihre Ziele erreichen wollen. Stellen Sie sich vor, Sie haben eine Liste mit zehn Aufgaben, die Sie an einem bestimmten Tag zu erledigen haben. Nach dem Pareto-Prinzip gibt es nur zwei Aufgaben auf Ihrer Liste, deren Umsetzung Sie wirklich weiterbringt. Wenn Sie diese beiden Aufgaben erledigen, erreichen Sie dadurch mehr als durch das Abarbeiten der anderen acht Punkte. Stellen Sie sich bei allen Aufgaben, die Sie zu erledigen haben, also immer zuerst folgende Frage: »Welche dieser Aufgaben haben die größtmögliche positive Auswirkung auf mein Leben, mein Unternehmen usw.?«

Machen Sie sich, sobald Sie diese wenigen wichtigen Aufgaben gefunden haben, an deren Umsetzung und schieben Sie sie nicht zugunsten unwichtiger Aufgaben auf. Dadurch erhöhen Sie Ihre Produktivität und erreichen Ihre Ziele schneller.

4 Aufbruch in eine neue Renaissance?

Denken wir an die Renaissance, fallen uns neben Leonardo sicher noch viele weitere Künstler, Wissenschaftler und Entdecker wie Michelangelo, Galileo Galilei oder Christoph Kolumbus ein, die sich zu ihrer Zeit mit Siebenmeilenstiefeln in Richtung Moderne aufmachten. Wenn wir uns mit dem Leben und Wirken dieser und anderer Renaissancegrößen beschäftigen, sollten wir jedoch nicht den Fehler machen, deren Werke, Erfindungen oder Entdeckungen für die Triebfeder dieser außergewöhnlichen Ära zu halten. In diesem Fall würden wir Ursache und Wirkung verwechseln. Denn die wahre Triebfeder der Renaissance war etwas viel Größeres: eine völlig neue Art zu denken und die Welt zu betrachten. Sie war der Nährboden, auf dem all die Ideen und Errungenschaften dieser Epoche überhaupt erst wachsen und gedeihen konnten.

Wenn es uns gelingt, die DNA dieser Geisteshaltung in all ihren Ausprägungen zu verstehen, kann uns das bei der Bewältigung unserer heutigen Herausforderungen eine große Hilfe sein. Denn unsere turbulente Zeit weist viele Parallelen zur Renaissance auf. Wie die Menschen damals haben auch wir mit den disruptiven Kräften des wissenschaftlich-technischen Fortschritts zu kämpfen, die fortlaufend Neues entstehen, aber auch Altes verschwinden lassen. So sind die Veränderungen, die zu Leonardos Zeiten durch Innovationen wie Druckerpressen, Räderuhren und mechanische Maschinen ausgelöst wurden, durchaus mit denen vergleichbar, die wir heute durch Big Data, Digitalisierung und Automatisierung erleben. Auch die Reaktionen der Menschen auf diese Veränderungen sind sich damals wie heute sehr ähnlich. Während einige die Innovationen begrüßten, fühlten sich andere von ihnen bedroht und bekämpften sie. Auf Jahre großen Fortschritts folgten oft Jahre der Abschottung, des Extremismus oder sogar des Krieges – Entwicklungen, die wir leider auch heute wieder beobachten müssen.

Die gute Nachricht ist, dass wir diese Muster durchbrechen können, indem wir aus der Geschichte der Renaissance lernen und uns mit dem Wesen von innovativem Denken und Handeln beschäftigen. Wir müssen verstehen, dass Neuerung und Wandel nichts Furchterregendes, sondern etwas völlig Normales sind. Seit dem Urknall besteht unser gesamtes Universum aus einer fortlaufenden Verkettung von Innovationen und Veränderungen. Auch in unserer noch jungen Menschheitsgeschichte reiht sich eine Innovation an die nächste. Seit wir unsere Erde bevölkern, erfinden wir Neues, hinterfragen den Status quo und suchen nach Ideen, die die Welt verändern. Und auch wir selbst unterliegen einem permanenten Innovationsprozess, der beispielsweise dafür sorgt, dass sich unsere Zellen alle sieben bis zehn Jahre vollständig erneuern. Die Bereitschaft zu Innovation und Veränderung ist also schon in unserem genetischen Code angelegt.

Damit wir die Herausforderungen und Probleme unserer heutigen Zeit bewältigen können, muss diese Bereitschaft auch unseren Kopf erreichen. Was wir dringend benötigen, ist ein neues »Mindset«. Eine Denkweise, die es uns ermöglicht, die zentrale Bedeutung von Kreativität und Innovation zu verstehen und unsere komplexe Welt proaktiv mitzugestalten. An genau dieser Stelle führt uns der Weg zurück zu Leonardo, der wie kein anderer dieses offene und fortschrittliche Denken verkörperte.

Indem wir von ihm und anderen großen Innovatoren der Geschichte lernen, können wir uns weitentwickeln und die veralteten Denkmodelle unserer Zeit hinter uns lassen. Denn mit einem Mindset aus dem Industriezeitalter, das auf Standardisierung, Abgrenzung, Effizienz und Gewinnmaximierung getrimmt ist, wird es uns nicht gelingen, neue Ideen für die großen globalen Herausforderungen des digitalen Zeitalters zu finden. Was wir brauchen, sind weltoffene, empathische Menschen, die nicht nur in Problemen, sondern auch in Lösungen denken. Menschen, die den Mut haben, kritische Fragen zu stellen und über den Tellerrand hinauszuschauen. Menschen, die mit ihren visionären Ideen die Welt verändern.

Damit möglichst viele Menschen diese Fähigkeiten entwickeln können, müssen sich vor allem unsere Schulen, Universitäten und Organisationen verändern. Wenn uns über viele Jahre vermittelt wird, dass es auf jede Frage genau eine Antwort gibt, dass nur das gelernt werden muss, was »klausurrelevant« ist, und der Chef alles besser weiß, ist das Gift für das innovative Potenzial, das jeder von uns in sich trägt. Das fand auch der amerikanische Forscher George Land heraus. In einer Langzeitstudie untersuchte er die kreativen Denkfähigkeiten von Kindern und Erwachsenen. Dafür nutzte er einen Kreativitätstest, den auch die NASA verwendete, um innovative Mitarbeiter ausfindig zu machen. Land wollte herausfinden, wie viele unterschiedliche Antworten Kinder verschiedener Altersstufen auf Fragen wie »Wozu kann man eine Büroklammer benutzen?« finden konnten. Mehr als 100 Antworten galten dabei als herausragendes Ergebnis. Von den 1.600 Kindergartenkindern, die Land testete, erreichten 98 Prozent dieses Level. Als dieselben Kinder zehn Jahre alt waren und den Test wiederholten, waren es noch 32 Prozent, fünf Jahre später noch 10 Prozent. Von den 200.000 getesteten Erwachsenen erreichten nur 2 Prozent dieses Ergebnis.[80]

Wenn wir einen Entwicklungssprung in unserem innovativen Denken und Handeln vollziehen und den Aufbruch in eine neue Renaissance erfolgreich meistern wollen, wartet also noch eine Menge Arbeit auf uns. Wir müssen in allen Bereichen unseres Lebens Rahmenbedingungen schaffen, die uns wieder dazu ermutigen, unseren Fokus auf das zu legen, was uns Menschen so einzigartig macht: unsere unerschöpfliche Kreativität und Innovationskraft. Erst dann können wir eine neue Kultur der Innovation schaffen und unsere Zukunft – ganz im Geiste Leonardos – selbst gestalten.

Zeittafel

Jahr(e)	Ereignisse	Werke
1452	• Leonardo wird am 15. April in Vinci geboren. • Johannes Gutenberg beginnt mit dem Druck der *Gutenberg-Bibel*.	
1457	• Leonardo wird in der Steuererklärung seines Großvaters erwähnt, der in Vinci an der Piazetta Guazzesi (heute Via Roma) wohnt.	
1466	• Leonardo beginnt seine Lehre bei Andrea del Verrocchio in Florenz.	
1468	• Verrocchio arbeitet an der Kupferkugel für den Dom von Florenz.	
1472	• Leonardo schreibt sich als unabhängiger Maler in die Zunft des Hl. Lukas ein.	
1472–1476	• Leonardo arbeitet weiter in Verrocchios Werkstatt. • 1475 wird Michelangelo geboren.	• *Ansicht des Arnotals* (Zeichnung), Florenz, Uffizien • Mitarbeit an Verrocchios *Taufe Christi*, Florenz, Uffizien • *Die Verkündigung*, Florenz, Uffizien

Jahr(e)	Ereignisse	Werke
1476	• Leonardo wird wegen Sodomie angeklagt und freigesprochen.	
1476–1478		• *Madonna mit der Nelke*, München, Alte Pinakothek • *Ginevra de' Benci,* Washington, National Gallery • *Madonna Benois,* Leningrad, Eremitage
1478–1482	• Leonardo eröffnet seine eigene Werkstatt in Florenz und erhält seine ersten Aufträge. • Ludovico Sforza ergreift die Macht in Mailand.	• *Heiliger Hieronymus*, Rom, Vatikan • *Die Anbetung der Könige*, Florenz, Uffizien
1482	• Abreise nach Mailand; Eintritt in den Dienst Ludovico Sforzas.	
1483	• Am 25. April erhält Leonardo zusammen mit den Brüdern de Predis seinen ersten Auftrag. • Der deutsche Reformator Martin Luther wird geboren.	• *Felsgrottenmadonna* (erste Fassung), Paris, Louvre
1484	• Sandro Botticelli malt die *Geburt der Venus*.	
1485	• Leonardo erlebt die Mailänder Pestepidemie.	• Entwürfe zur Idealstadt
1488	• Andrea del Verrocchio stirbt in Venedig.	

Jahr(e)	Ereignisse	Werke
1489–1490	• Leonardo begleitet Francesco di Giorgio Martini zur Dombauhütte nach Pavia.	• *Dame mit dem Hermelin,* Krakau, Czartoryski-Museum • *Vitruvianischer Mensch,* Venedig, Galleria dell' Accademia
1491	• Der zehnjährige Gian Giacomo Caprotti, genannt Salaì, tritt in Leonardos Werkstatt ein.	
1492	• Christoph Kolumbus entdeckt Amerika.	
1493	• Leonardos Tonmodell für das Reiterstandbild des Francesco Sforza wird in Mailand ausgestellt.	
1494	• Der Bußprediger Girolamo Savonarola ergreift die Macht in Florenz.	
1495–1498	• Leonardo beginnt im Refektorium des Klosters Santa Maria delle Grazie mit dem *Abendmahl*. • Leonardo unternimmt seine ersten Flugversuche mit einer Flugmaschine.	• *Das Abendmahl*, Mailand, Santa Maria delle Grazie • *Sala delle Asse*, Mailand, Castello Sforzesco
1499	• Leonardo flieht vor den Franzosen aus Mailand.	

Jahr(e)	Ereignisse	Werke
1499–1501	• Leonardo geht mit dem Mathematiker Luca Pacioli nach Mantua, dann Venedig. Kurze Zeit später kehrt er nach Florenz zurück. • Ludovico Sforza wird von den Franzosen gefangen genommen.	• *Porträt der Isabella d'Este* (Zeichnung), Paris, Louvre • Karton *Die heilige Anna mit dem Johannesknaben* und *Maria mit dem Christuskind*, London, National Gallery • *Salvator Mundi,* Abu Dhabi, Louvre • *Madonna mit der Spindel* (verschollen)
1502	• Leonardo arbeitet als Baumeister und Ingenieur für Cesare Borgia und freundet sich mit Niccolò Machiavelli an.	
1503	• Leonardo kehrt nach Florenz zurück. • Er und Michelangelo werden mit der Bemalung des Großen Saales im Palazzo della Signoria in Florenz beauftragt.	• Karton zur *Schlacht von Anghiari* (zerstört) • *Mona Lisa*, Paris, Louvre
1504	• Leonardos Vater Ser Piero stirbt. • Michelangelos *David* wird feierlich auf dem Platz vor dem Palazzo Vecchio enthüllt.	

Jahr(e)	Ereignisse	Werke
1505	• Leonardo beginnt seine Studien über den Vogelflug. • Er bricht die Arbeiten an der *Schlacht von Anghiari* ab.	
1506	• Leonardo kehrt auf Bitte des französischen Gouverneurs Charles d'Amboise nach Mailand zurück. • Bramante beginnt mit dem Bau der Peterskirche in Rom.	
1506–1511	• Leonardo lernt den jungen Francesco Melzi kennen und nimmt ihn als Schüler bei sich auf. • Mit dem Arzt Marcantonio della Torre betreibt er anatomische Studien.	• *Leda mit dem Schwan* (verschollen) • *Felsgrottenmadonna* (zweite Fassung), London, National Gallery • *Anna Selbdritt*, Paris, Louvre
1511	• Charles d'Amboise stirbt. • Leonardo flieht aus Mailand auf den Landsitz der Familie Melzi.	
1512	• Leonardo kehrt nach Mailand zurück. • Giorgio Vasari wird geboren.	

Jahr(e)	Ereignisse	Werke
1513	• Leonardo tritt in Rom in den Dienst Giuliano de' Medicis. • Machiavelli schreibt *Der Fürst*.	
1513–1516	• Leonardo richtet sich mit seinen Schülern Salaì und Melzi im Palast Belvedere ein. • Er beschäftigt sich mit der Trockenlegung der Pontinischen Sümpfe und anatomischen Studien.	• *Johannes der Täufer*, Paris, Louvre
1516	• Leonardos Gönner Giuliano de' Medici stirbt. • Leonardo folgt einer Einladung des französischen Köngis, Franz I. und reist nach Frankreich.	
1516–1519	• Leonardo lebt zunächst in der königlichen Festung Amboise und danach im Herrensitz von Cloux (heute Clos Lucé). • Er und Melzi beginnen, seine umfangreichen Notizen und Zeichnungen zu ordnen.	
1519	• Leonardo verfasst sein Testament und stirbt am 2. Mai in Cloux.	

Quellen und Literatur

Leonardos Handschriften

CAr	*Codex Arundel* (283 Blätter), British Museum, London
CAt	*Codex Atlanticus* (1.119 Blätter), Biblioteca Ambrosiana, Mailand
CF	*Codices Forster* (3 Bände, 354 Blätter), Victoria and Albert Museum, London
CL	*Codex Leceister* (88 Blätter), Bill Gates Collection, Seattle
CM	*Codices Madrid* (2 Bände, 349 Blätter), Biblioteca Nacional, Madrid
CT	*Codex Turin* (18 Blätter), Biblioteca Reale, Turin
Ms. C	Pariser *Manuskript C* (42 Blätter), Institut de France, Paris
RL	Royal Library, *Codex Windsor* (606 Blätter), The Royal Library, Windsor

Sammelbände und Kommentare

Chastel, André (Hg.): *Leonardo da Vinci, Schriften zur Malerei und sämtliche Gemälde,* München 2011.

Dudenredaktion (Hg.): *Duden – Zitate und Aussprüche, Herkunft und aktueller Gebrauch,* Band 12, 3. Auflage, Mannheim 2008.

Lücke, Theodor (Hg.): *Leonardo da Vinci, Tagebücher und Aufzeichnungen,* 2. Auflage, Leipzig 1952.

Müntz, Eugène: *Leonardo da Vinci, Künstler, Denker, und Wissenschaftler,* 2 Bde., New York 2006.

Richter, Jean Paul: *The Notebooks of Leonardo da Vinci,* 2 Bde., New York 1970.

Schneider, Marianne (Hg.): *Leonardo da Vinci, Eine Biographie in Zeugnissen, Selbstzeugnissen und Dokumenten,* München 2002.

Zöller, Frank und Nathan, Johannes: *Leonardo da Vinci, Sämtliche Gemälde und Zeichnungen,* Köln 2011.

Quellen und Biografien

Bramly, Serge: *Leonardo da Vinci, Eine Biographie,* 5. Auflage, Reinbek bei Hamburg 2003.

Branson, Richard: *Like a Virgin, Erfolgsgeheimnisse eines Multimillionärs,* Kulmbach 2013.

Christakis, Nicholas A. und Fowler, James H.: *Connected!, Die Macht sozialer Netzwerke und warum Glück ansteckend ist,* Frankfurt am Main 2010.

Clark, Kenneth: *Leonardo da Vinci,* 18. Auflage, Reinbek bei Hamburg 1996.

Edwards, Betty: *Der Künstler in dir, Intuition und Phantasie methodisch entwickeln – ein Intensivkurs in kreativem Sehen, Denken und Gestalten,* Reinbek bei Hamburg 1987.

Freud, Sigmund: *Eine Kindheitserinnerung des Leonardo da Vinci,* Berlin 1982.

Kemp, Martin: *Leonardo,* München 2005.

Kemp, Martin und Pallanti, Giuseppe: *Mona Lisa,* The People and the painting, Oxford 2017.

Klein, Stefan: *Da Vincis Vermächtnis oder Wie Leonardo die Welt neu erfand,* Frankfurt am Main 2008.

Kupper, Daniel: *Leonardo da Vinci,* Reinbek bei Hamburg 2007.

Land, George und Jarman, Beth: *Breakpoint and Beyond, Mastering the Future – Today,* New York 1992.

Lester, Toby: *Die Symmetrie der Welt, Leonardo da Vinci und das Geheimnis seiner berühmtesten Zeichnung,* Berlin 2012.

Nicholl, Charles: *Leonardo da Vinci, Die Biographie,* 3. Auflage, Frankfurt am Main 2013.

Nova, Alessandro (Hg.): *Giorgio Vasari: Das Leben des Leonardo da Vinci,* Neu übersetzt und kommentiert, Berlin 2006.

Pedretti, Carlo: *Leonardo da Vinci, Architekt,* Stuttgart und Zürich 1980.

Pedretti, Carlo: *Wer ist Leonardo da Vinci, Naturwissenschaftler – Erfinder – Baumeister – Künstler,* Klagenfurt 2006.

Plisch, Uwe-Karsten: *Das Thomas-Evangelium,* Originaltext mit Kommentar, Stuttgart 2007.

Tan, Chade-Meng: *Search Inside Yourself, Das etwas andere Glücks-Coaching,* München 2012.

White, Michael: *Leonardo da Vinci, Der erste Wissenschaftler, Eine Biographie,* 2. Auflage, Berlin 2005.

Online-Artikel und -Studien

Koestler, Arthur: *Die Wahrheit der Phantasie,* Was Kunst und Wissenschaft gemeinsam haben – Die PEN-Rede, ZEIT ONLINE, 03.09.1976, Link: http://www.zeit.de/1976/37/die-wahrheit-der-phantasie (Letzter Abruf 05.01.2018).

Konrath, Sara H.: *The Empathy Paradox: Increasing Disconnection in the Age of Increasing Connection*, in: Handbook of Research on Technoself: Identity in a Technological Society, Rocci Luppicini (Ed.), S. 204–228, IGI Global 2013, Link: http://www.irma-international.org/viewtitle/70356/ (Letzter Abruf: 07.01.2018).

Matthews, Gail: *Goals Research Study*, 2015. Link: https://www.dominican.edu/academics/lae/undergraduate-programs/psych/faculty/assets-gail-matthews/researchsummary2.pdf (Letzter Abruf: 05.01.2018).

Siebert, Jürgen: *Ideen klauen, ja bitte!*, PAGE – Design. Code. Business., 06.04.2016, Link: https://page-online.de/branche-karriere/ideen-klauen-ja-bitte/ (Letzter Abruf: 05.01.2018).

WirtschaftsWoche Online: *Steve Jobs' Stanford Rede: »Bleiben Sie hungrig. Bleiben Sie verrückt.«*, 06.11.2011, Link: http://www.wiwo.de/unternehmen/steve-jobs-stanford-rede-bleiben-sie-hungrig-bleiben-sie-verrueckt/5332774.html (Letzter Abruf: 05.01.2018).

Online-Videos

McClellan, George: *Steve Jobs on Picasso,* »Good artist copy great artists steal«, YouTube, 11.08.2014, Link: https://www.youtube.com/watch?v=a6jeZ7m0ycw (Letzter Abruf 05.01.2018).

Abbildungen

S. 85	Erweiterung der Mind-Map zur Edge-Map©, eigene Darstellung
S. 88	Leonardo da Vinci, Pferdestudien mit Gegenüberstellung eines Pferde-, Löwen- und Menschenkopfes, 1503–1504, The Royal Library, Windsor Castle
S. 91	Design Thinking-Prozess der d.school, eigene Darstellung
S. 103	Leonardo da Vinci, Erste Fassung der Felsgrottenmadonna, 1483–1486, Louvre, Paris
S. 105	Leonardo da Vinci, Zweite Fassung der Felsgrottenmadonna, 1493–1508, National Gallery, London
S. 115	Leonardo da Vinci, Belastungsprobe eines Flügels, 1487–1490, Bibliothèque de l'institut de france, Paris
S. 117	Leonardo da Vinci, Bemerkungen zur Position des Vogelflugs im Verhältnis zum Wind, 1505, Biblioteca Reale, Turin

Danke!

Meiner wunderbaren Frau Sandra für ihren unerschütterlichen Glauben an mich und an das, was ich tue. Ihre ermutigende Begeisterung, einfühlsame Kritik und tatkräftige Unterstützung waren mir beim Schreiben dieses Buches eine unschätzbare Hilfe.

Michael Wurster vom Redline Verlag für seine engagierte Begleitung der Buchveröffentlichung.

Katharina Maier vom Redline Verlag für die immer vertrauensvolle und konstruktive Zusammenarbeit.

Meiner Literaturagentin Ute Flockenhaus für ihre großartige Unterstützung, wertvollen Ratschläge und messerscharfen Verbesserungsvorschläge.

Verkaufstrainer, Redner und Autor Oliver Schuhmacher für seine erstklassigen Einschätzungen, Tipps und Empfehlungen.

Sven Feilner fürs regelmäßige Testlesen, Nachfragen und für die konstruktiven Kommentare.

Priska Schorlemmer von »Die Sprachkiste« für ihre hilfreichen Anregungen und Hinweise.

Professor Markus Schmid von der Technischen Hochschule Nürnberg für seinen Crashkurs zu den grundlegenden Gesetzen und Prinzipien der Strömungslehre.

Tony Mann und Dr. Juliana Barone von der Leonardo da Vinci Society London für ihre Tipps und Literaturempfehlungen.

Leonardo-Forscher und Kunsthistoriker Martin Kemp für seine Hilfe im »Zitate-Dschungel« rund um Leonardo.

Allen Querdenkern, Autoren, Kunden, Kollegen und Freunden, die hier nicht namentlich genannt werden, mich aber dennoch inspiriert haben, dieses Buch zu schreiben.

Anmerkungen

1 Zitiert nach Richter (1970), The Notebooks of Leonardo da Vinci, S. 765.

2 Abgerufen am 12.01.2018.

3 Zitiert nach Nova (2006), *Giorgio Vasari: Das Leben des Leonardo da Vinci,* S. 17.

4 Vgl. Pedretti (2006), *Wer ist Leonardo da Vinci,* S. 7.

5 Zitiert nach Pedretti (2006), *Wer ist Leonardo da Vinci,* S. 10.

6 Im Rahmen seiner neuesten Forschungen fand der renommierte Leonardo-Forscher Martin Kemp heraus, dass der vollständige Name von Leonardos Mutter Caterina di Meo Lippi war. Sie war ein erst 16-jähriges Waisenkind und lebte in einem heruntergekommenen Bauernhaus in der Nähe von Vinci.

7 Zitiert nach Nova (2006), Giorgio Vasari: *Das Leben des Leonardo da Vinci,* S. 22.

8 Zitiert nach Pedretti (2006), *Wer ist Leonardo da Vinci,* S. 16.

9 Ebd., S. 17.

10 Zitiert nach Nicholl (2013), *Leonardo da Vinci,* S. 511.

11 Zitiert nach Nova (2006), *Giorgio Vasari: Das Leben des Leonardo da Vinci,* S. 46.

12 Zitiert nach Pedretti (1980), *Leonardo da Vinci Architekt,* S. 26.

13 Führender italienischer Architekt und Bildhauer der Frührenaissance (1377–1446). Baumeister der weltberühmten Kuppel des Florentiner Doms und Erfinder zahlreicher Maschinen.

14 Italienischer Humanist, Schriftsteller und einer der führenden Kunst- und Architekturtheoretiker der Renaissance (1404–1472). Er gilt u. a. als Mitbegründer der Linearperspektive.

15 Vgl. Loewenstein (1994), *The Psychology of Curiosity: A Review and Reinterpretation,* S. 75–98.

16 Hiermit sind sowohl die realen als auch die virtuellen Netzwerke gemeint.

17 Christakis und Fowler (2010), *Connected!*, S. 46 f.

18 Frederikson L. Barbara und Losada F. Marcial (2005), *Positive Affect and the Complex Dynamics of Human Flourishing*, S. 678–686

19 CF, III, 43 v.

20 Freud, *Eine Kindheitserinnerung des Leonardo da Vinci*, S. 55.

21 Italienischer Bildhauer, Maler und einer der berühmtesten Architekten der Renaissance (1439–1501). Er entwarf u. a. die Kuppel des Mailänder Doms. Leonardo lernte ihn vermutlich 1490 in Mailand kennen.

22 Italienischer Schriftsteller und Ingenieur (1405–1475). Er schrieb die Abhandlung *De re militari* (dt. *Über die Kriegskunst*). Das Werk zählt zu den berühmtesten Büchern über Waffen und Kriegsmaschinen der Renaissance.

23 Zitiert nach Chastel (2011), *Leonardo da Vinci. Schriften zur Malerei und sämtliche Gemälde*, S. 124.

24 Zitiert nach Pedretti (2006), *Wer ist Leonardo da Vinci*, S. 204.

25 Exemplarisch seien hier Nicholl (2006) und Lester (2012) genannt.

26 Zitiert nach Dudenredaktion (2008), *Duden – Zitate und Aussprüche*, S. 752.

27 Siehe Wikipedia-Eintrag zur »Glühlampe« (abgerufen am 12.04.2017).

28 McClellan (2014): *Steve Jobs on Picasso*.

29 Ebd.

30 Zitiert nach Siebert (2016), *Ideen klauen, ja bitte!, PAGE – Design. Code. Business.*

31 Zitiert nach Lester (2012), *Die Symmetrie der Welt*, S. 23.

32 Vgl. Kemp (2005), Leonardo, S. 16. (Anzahl Notizbuchseiten)
Vgl. Klein (2008), Da Vincis Vermächtnis, S. 17. (Anzahl Zeichnungen)

33 Zitiert nach Nicholl (2013), *Leonardo da Vinci*, S. 338.

34 Zitiert nach Lücke (1952), *Leonardo da Vinci*, S. 91.

35 Ebd., S. 92.

36 Branson (2013), *Like a Virgin*, S. 24.

37 Ebd., S. 125.

38 Vgl. Edwards (1987), *Der Künstler in dir,* S. 173 f.

39 CA, 571 ra.

40 Zitiert nach Nicholl (2006), *Leonardo da Vinci,* S. 527.

41 Wikipedia-Eintrag zur »Bernoulli-Gleichung« (abgerufen am 11.04.2018).

42 Vgl. Klein (2008), *Da Vincis Vermächtnis,* S. 75.

43 Zitiert nach Lücke (1952), *Leonardo da Vinci,* S. 102, sprachlich modifiziert.

44 RL, 12283 r.

45 Vgl. Koestler (1966), Der göttliche Funke, S. 123 ff.
Koestler, Arthur: *Der göttliche Funke, Der schöpferische Akt in Kunst und Wissenschaft,* Scherz Verlag, Bern und München, 1966.

46 https://de.wikipedia.org/wiki/Denis_Papin#Werke.

47 Koestler (1976), *Die Wahrheit der Phantasie.*

48 Vgl. Catmull und Wallace (2014), Die Kreativitäts-AG, S. 257 ff. und Catmull, Ed und Wallace, Amy: *Die Kreativitäts-AG, Wie man die unsichtbaren Kräfte überwindet, die echter Inspiration im Wege stehen,* Carl Hanser Verlag, München, 2014.

49 Zitiert nach Richter (1970), *The Notebooks of Leonardo da Vinci,* S. 575.

50 Zitiert nach Nova (2006), *Giorgio Vasari: Das Leben des Leonardo da Vinci,* S. 43.

51 Zitiert nach Nicholl (2006), *Leonardo da Vinci,* S. 67 f.

52 Zitiert nach Nova (2006), *Giorgio Vasari: Das Leben des Leonardo da Vinci,* S. 21.

53 CL, 22 v.

54 Seinen Ursprung hat der Innovationsansatz an der Stanford University. Dort wurden bereits in den 1960er-Jahren die ersten Schritte unternommen, durch die gezielte Zusammenführung von Disziplinen wie zum Beispiel Kunst, Ingenieurwissenschaften und Design die Lösungskompetenz für komplexe Fragestellungen zu erhöhen. Vor etwa zehn Jahren prägte dann David Kelley, Professor und Gründer der Ideenschmiede IDEO, den Begriff »Design Thinking« und machte ihn mit seiner »d.school« in Stanford weltweit bekannt.

55 Weiterführende Informationen zum Design Thinking-Prozess finden Sie auf der Webseite der d.school (https://dschool.stanford.edu) oder des deutschen Hasso-Plattner-Instituts (https://hpi.de).

56 CF, III, 55 r. Leonardo schreibt auch: »Jene Wissenschaft ist nützlicher, deren Frucht mitteilbarer ist …«

57 Eine der bekanntesten Studien in diesem Zusammenhang ist die Untersuchung von Sara Konrath. Sie beobachtete zwischen 1972 und 2009 über 14.000 US-Studenten, deren Empathiefähigkeit stetig gesunken ist, s. Konrath (2012), *The Empathy Paradox: Increasing Disconnection in the Age of Increasing Connection.*

58 Gibt man bei Google den Begriff »Selfie« ein, erhält man fast eine Milliarde Treffer (abgerufen am 02.01.2018).

59 Das Programm wurde vom ehemaligen Google-Mitarbeiter Chade-Meng Tan entwickelt, der die Inhalte und Ideen des Programms in seinem gleichnamigem Buch *Search Inside Yourself: Das etwas andere Glücks-Coaching* veröffentlichte.

60 Hierzu gibt es einen tollen TED Talk von IDEO-Gründer David Kelley mit dem Titel »How to build your creative confidence«, s. https://www.youtube.com/watch?v=16p9YRF0l-g

61 Zitiert nach Müntz (2006), *Leonardo da Vinci: Künstler, Denker und Wissenschaftler* VOL. I, S. 40.

62 Zitiert nach Lücke (1952), *Leonardo da Vinci,* S. 916 f., sprachlich modifiziert.

63 Zitiert nach Plisch (2007), *Das Thomas-Evangelium,* S. 180, sprachlich modifiziert.

64 Vgl. Hsu, Ming u. a. (2005), *Neural systems responding to degrees of uncertainty in human decision-making,* S. 1680–1683 und Hsu, Ming / Bhatt, Meghana / Adolphs, Ralph u. a.: *Neural systems responding to degrees of uncertainty in human decision-making,* In: Science, Vol. 310, 09.12.2005, S. 1680-1683.

65 Zitiert nach WirtschaftsWoche Online (2011), Steve Jobs' Stanford Rede: »Bleiben Sie hungrig. Bleiben Sie verrückt.«

66 Zitiert nach Lücke (1952), *Leonardo da Vinci,* S. 27, sprachlich modifiziert.

67 CA, 186 v.

68 Die Gabelweihe oder Königsweihe wird auch Rotmilan genannt. Sie ist eine vor allem in Europa heimische Greifvogelart aus der Familie der Habichte.

69 Ms. C, 19 v.

70 Zitiert nach Lücke (1952), *Leonardo da Vinci*, S. 370, sprachlich modifiziert.

71 CT, 18 v.

72 CT, 12 v.

73 Vgl. Kemp (2005), *Leonardo*, S. 146 f. und vgl. Zöller und Nathan (2011), *Leonardo da Vinci: Das zeichnerische Werk*, S. 648. und vgl. Bramly (2003), *Leonardo da Vinci*, S. 340.

74 An einer Stelle seiner Notizbücher schreibt er: »Und wenn du sagst, die Wissenschaften, die im Geist beginnen und enden besäßen Wahrheit [...] so ist dies aus vielen Gründen zu verneinen, zuallererst, da in solchen geistigen Diskursen kein Versuch stattfindet, ohne den nichts aus sich selbst Gewissheit gibt.« Zitiert nach Pedretti (2006), *Wer ist Leonardo da Vinci*, S. 152.

75 Zitiert nach Nicholl (2006), *Leonardo da Vinci*, S. 324.

76 Zitiert nach Chastel (2011), *Leonardo da Vinci. Schriften zur Malerei und sämtliche Gemälde*, S. 125, sprachlich modifiziert.

77 Zitiert nach Richter (1970), *The Notebooks of Leonardo da Vinci*, S. 765.

78 Zitiert nach Lücke (1952), *Leonardo da Vinci*, S. 705 f., sprachlich modifiziert.

79 Matthews (2015), *Goals Research Summary.*

80 Vgl. Land and Jarman (1992), *Breakpoint and Beyond*, S. 153 f.

Stichwortverzeichnis